Ulrich Maier · Ludwig Pfau

ULRICH MAIER

LUDWIG PFAU

DER VORBESTRAFTE EHRENBÜRGER

EINE ROMANBIOGRAFIE

Ludwig Pfau erfüllte denkend und handelnd ein halbes Jahrhundert, aus dem sich die Fundamente der Zeit aufgebaut haben, in der wir leben. Das war das merkwürdige Jahrhundert, welches in Deutschland republikanisch werden wollte und imperialistisch geworden war.

Conrad Haußmann

Sein Bild hängt, das Geschenk seiner nächsten Freundin, seit Jahren bei meinem Schreibtisch: ein großer Schädel, ein etwas zottiger Bart, kantige Stirn, helle scharfe Augen, ein voller ironischer Mund; viel denkender Fleiß mit einer etwas entschlussarmen Beschaulichkeit vereinigt, viel latente Leidenschaft, die sich in Bosheiten und zorniger Entrüstung austoben konnte, daneben eine liebenswürdige Güte und ein graziöser Humor, kein stoischer Entsager, sondern mit Talenten des Genießens begabt, Schwabe und Kosmopolit in einem, soweit das zusammengeht mit Überzeugung und Absicht, ein wenig Romantiker in der Politik, ein wenig Rationalist in der Kunst.

Theodor Heuss

Ludwig Pfau (1821-1894)

Ein Denkmal für den Kaiser?

Stuttgart, 1890
Sein Weg führte ihn durch den Schlossgarten. Vorbei an der zu Stein gewordenen Sage vom Überfall auf den Grafen Eberhard im Wildbad. Dort verharrte er einen Moment.

Seit neun Jahren zierte das Marmorstandbild den Park. Nachdenklich legte er die rechte Hand ans Kinn und betrachtete den Steinkoloss. Imposant, ohne Zweifel, doch über die ästhetische Qualität ließ sich streiten.

Wie ohnmächtig lag der Alte da mit seinem Rauschebart, das Haupt in den Schoß des treuen Hirten gebettet, der wachen Auges die Umgebung musterte. Eberhard Graf von Württemberg – ganz auf die Hilfsbereitschaft seines wegekundigen Retters angewiesen, ohne den er jetzt wohl in irgendeinem finsteren Verließ säße. Die Idylle war fast peinlich.

Er schüttelte den Kopf. *Greiner* nannten ihn die Gegner. Das hieß im damaligen Sprachgebrauch *der Zänkische*. Ständig führte er Krieg. Mit dem Schwäbischen Städtebund stritt er ausgiebig. Als kleine republikanische Inseln lagen damals die stolzen Reichsstädte mitten in Württemberg. Pfähle im Fleisch. Stadtluft macht frei, hieß es. Die Reichsstädte zogen württembergische Untertanen an wie ein reifer Käse die Schmeißfliegen. Das störte den Zänker gewaltig. Doch er kämpfte auch gegen die zahlreichen Raubritter, die sich alle möglichen Fehdegründe ausdachten, um in sein Land einzufallen und Städte und Dörfer auszuplündern.

Pfau lachte bitter. Ein einfacher Hirt hatte den bedrohten Grafen auf geheimen Pfaden aus dem umlagerten Wildbad an der jungen Enz hinausgeführt und in Sicherheit gebracht, durch den tiefen schwarzen Wald, bis er sicher auf Burg Zavelstein war. Als sein Herr und Fürst unterwegs schlapp machte und eine Ruhepause brauchte, hat er ihn geduldig schlafen lassen und auf ihn aufgepasst. Damit ihm auch ja nichts passiert! Sinnbild der sprichwörtlich gewordenen württembergischen Untertanentreue.

Wenn man aber bedachte, wie es zu diesem gewichtigen Standbild gekommen war, sah die Sache schon anders aus. Ausgerechnet im Schillerjahr, als die Württemberger den hundertsten Geburtstag ihres Freiheitshelden feierten und ihm landauf, landab Denkmäler aufstellten, hatte König Wilhelm vor dem neuen Schloss ein anderes Monument des Grafen errichten lassen. Hoch zu Ross und mit gezücktem Schwert galoppierte der zänkische Eberhard auf die Königstraße zu.

Das gefiel den Stuttgarter Bürgern gar nicht. Sie erinnerten an Justinus Kerners Gedicht, das längst vertont war, sangen *Preisend mit viel schönen Reden* und schwärmten vom Ideal eines weisen und gerechten Fürsten, der die Geschicke des Landes so lenkte, dass er sein Haupt ohne Bedenken in den Schoß jedes seiner Untertanen legen konnte, ohne befürchten zu müssen, dass er dabei das Leben verlieren könnte. So hatte der alte Justinus die Geschichte gedeutet – in seinem Lied. Das war schnell volkstümlich geworden, beinahe so was wie eine württembergische Nationalhymne.

Anno 1859 hatte es diesen Stuttgarter Denkmalstreit gegeben. König Wilhelm hatte noch in seinen letzten Regierungsjahren eine Amnestie für alle aus dem Land getriebenen Achtundvierziger verkündet – in der Milde des Alters oder um die Bürger seines Landes zu gewinnen. Zwei Jahre später beerbte Kronprinz Karl seinen Vater. Der neue König war bereit zu Reformen und entschloss sich zu einer weiteren versöhnlichen Geste. Er versetzte seinen Urahn, den martialischen Reiter, in den engen Hof des Alten Schlosses, wo er den kritischen Blicken der Hauptstädter entrückt war. Dort konnte er von nun an ungestört vor sich hin reiten und stiftete keinen Unfrieden mehr.

Dann gab er ein neues Denkmal in Auftrag, das Kerners Wunschbild entsprechen sollte. Vermutlich auch seinem eigenen, denn König Karl war feinfühlig und kunstsinnig. Die Szenerie, die ihm der Bildhauer als Zeichnung vorlegte, gefiel ihm. Außerdem wollte er sich von den Stuttgartern geliebt wissen.

*

Pfaus Gedanken schweiften ab zum Haus des Weinsberger Dichterarztes, das ihm seit seiner Kindheit vertraut war. Der Vater hatte ihn oft hinübergeschickt, mit einem Korb Obst oder Gemüse aus der eigenen Gärtnerei vor den Toren Heilbronns.

Einmal hatte er Kerner auf sein bekanntes Gedicht *Der reichste Fürst* angesprochen. Sie hatten es in der Schule auswendig lernen müssen. Mit der letzten Strophe konnte er gar nichts anfangen.

„Was hat der Fürst denn davon, wenn er sein Haupt jedem Untertan in den Schoß legen kann? Davon wird er doch nie im Leben reich!"

Kerner hatte erst gelacht, ihm dann die Hände auf die Schultern gelegt und tief in die Augen gesehen.

„Ist es nicht der größte Reichtum, wenn der Fürst jedem in seinem Volk vertrauen kann, weil ihn alle achten, ehren und lieben?"

Energisch hatte der Junge den Kopf geschüttelt.

„Sowas gibt's höchstens im Märchen!"

Der Dichter hatte ihn mit schrägem Kopf versonnen angeblickt und geheimnisvoll verkündet: „Manchmal werden Märchen wahr und bisweilen kann man auch ein bisschen nachhelfen."

Was er denn damit meine?

„Wir haben jetzt eine Verfassung. Da steht drin, was der König machen darf und was nicht. Da stehen aber auch alle Rechte drin, die das Volk hat und die der König beachten muss. Wenn sich alle dran halten, dann weiß jeder, woran er ist und wir haben Frieden."

Wenn's so einfach wäre! Der gute Justinus mit seinem Wunschbild vom aufgeklärten Monarchen, der mit dem Volk und dem Parlament regiert und nicht allein von Gottes Gnaden. Er schüttelte den Kopf und machte sich wieder auf den Weg.

*

Als er den Platz vor dem neuen Schloss erreicht hatte, fiel sein Blick auf die protzige Fassade des Hotels *Marquardt*. Reicher Bauschmuck, Türmchen, Ziergiebel, blumige Balkone. Vor knapp zwanzig Jahren war das Hotel neugestaltet worden, repräsentativ, gründerzeitlich, mit allerlei Stilelementen der Renaissance und des Barock. Wie ein riesiger Schiffsbug ragte es nun in den Schlossplatz hinein.

Alles, was Rang und Namen hatte, war hier schon abgestiegen: Richard Wagner, der unselige, aber gefeierte Generalfeldmarschall Helmuth von Moltke, Sieger im Siebziger Krieg gegen den *Erbfeind* Frankreich, – und dieser seltsame Graf Zeppelin mit seiner verrückten Idee vom lenkbaren Luftschiff, das künftige Kriege entscheiden sollte.

Gleich würde er in dieser Nobelherberge seinen alten Freund und einstigen Kampfgenossen aus Revolutionszeiten treffen, Justini Sohn Theobald, den der König zum Hofrat ernannt hatte, weil er ihn in seiner Cannstatter Klinik kuriert hatte. Was für eine Karriere! Das war nur wenige Jahre nach Theobalds Haft auf dem Hohenasperg gewesen. *Demokratenbuckel* nannten ihn die Württemberger augenzwinkernd, aber auch achtungsvoll. *Wiege der schwäbischen Demokratie.*

Er überquerte die Königstraße, bog in die Schlossstraße ein und steuerte auf den überdachten Haupteingang des *Marquardt* zu. Kutschen waren vorgefahren, livrierte Pagen sprangen auf sie zu, rissen Wagenschläge auf, kümmerten sich um das Gepäck der illustren Kundschaft, während Droschkenkutscher und Gäule geduldig ausharrten.

An den Hotelflügel in der Schlossstraße grenzte direkt das Empfangsgebäude des Bahnhofs. Äußerst praktisch für die Bahnreisenden, die im Marquardt logierten, und lukrativ für das Hotel.

*

Theobald erwartete ihn bereits im prachtvollen Foyer, eilte ihm entgegen und schloss ihn in die Arme. Pfau befreite sich mühsam und wies auf die noble Ausstattung.

„Lüster, dicke rote Teppiche, Gobelins – fühlst du dich in solchem Pomp wohl?"

„Man kann sich dran gewöhnen", lachte Theobald. „Meiner Frau gefällt's wohl besser als mir – und es ist ja schließlich ihr Geld, das wir hier verjubeln."

„Glückspilz!", antwortete Pfau wehmütig. „Du hast deine Goldelse gefunden. Aber sag mal, heißt sie nicht eigentlich Mathilde? Wieso nennst du sie Else?"

„Goldelse gefällt mir besser und es passt auch gut zu ihr", grinste Theobald verschmitzt und fügte leise an: „Du brauchst nur das „l" in ihrem Namen umzustellen."

Pfau überlegte einen Moment, bis er die Pointe begriffen hatte, dann rief er entrüstet: „Hast du sie deshalb geheiratet?"

Theobald lachte. „Das war ein Scherz – zugegeben, ein ganz böser. Am besten vergisst du ihn gleich wieder. Sprich sie ja nicht drauf an! Hörst du? Wir lieben uns innig, auch noch nach 25 Ehejahren. Und als wir heirateten, hatte sie nichts. Das Erbe kam später."

Pfau seufzte. „Mir war's nicht vergönnt zu heiraten. Ein paar Mal hab ich Anlauf genommen, einmal ist mir die Verlobte davongelaufen, einmal kurz vor der Hochzeit weggestorben. Jetzt bin ich bald siebzig. Da ist der Zug längst abgefahren."

Theobald ließ ihn an einem kleinen Tisch in der Lounge Platz nehmen und winkte dem Ober.

„Lass uns auf unser Wiedersehen anstoßen – mit einem guten Bordeaux vielleicht? Oder einem Glas Champagner?"

„Ein ordentlicher Grog wär mir jetzt lieber", brummte Pfau.

Theobald entschied sich für einen roten Württemberger.

„Stimmen denn die Gerüchte?", begann sein Gegenüber. „Du hast dich jetzt auch in die Planungen zum Kaiser-Wilhelm-Denkmal in Heilbronn eingemischt?"

Pfau knurrte. „Lass mich das erklären."

Theobald stellte genüsslich fest, dass ihm die Frage etwas peinlich war.

„Das war so. Zuerst ging es um das Denkmal für Robert Mayer. Mein Entwurf gefiel den Heilbronnern und mit dem Bildhauer Rümann in München kam ich auch gut zurecht. Dann haben sie mich gefragt, was ich denn von den Entwürfen für ihr geplantes Kaiser-Wilhelm-Denkmal halte. ‚Gar nichts', hab ich geantwortet."

Theobald Kerner sah in mit hochgezogenen Augenbrauen an.

Pfau winkte ab. „Der alte Kitsch: Der Kaiser, eingerahmt von Bismarck und Moltke, die das Kaiserreich mit Feuer und Schwert geschmiedet haben. Furchterregend und monumental. Nichts als schale, unerquickliche Verherrlichung der preußischen Militärmacht. Und das im liberalen Württemberg, schlimmer noch – in der einst freien Reichsstadt und Bürgerrepublik Heilbronn! Die versammelten Räte blickten mich bestürzt an und haben schließlich gefragt, ob ich nicht einen Gegenentwurf liefern könnte. Da hatte ich den Salat. Gebaut wird's so oder so, hab ich mir schließlich gesagt, dann soll es wenigstens so werden, dass ich mich nicht für meine Heimatstadt schämen muss. Also bin ich nach München gefahren und hab mit Rümann drüber gesprochen. Tagelang haben wir miteinander gerungen. Es fehlte nicht viel und er hätte mich aus seinem Atelier geworfen. Mit dem fertigen Entwurf in der Tasche kam ich zurück und die Heilbronner haben ihn gnädig angenommen."

„Hab ich das richtig verstanden?", fragte Theobald mit süffisantem Grinsen, „du setzt also dem Preußen-Wilhelm ein Denkmal, eben dem, gegen den du vor vierzig Jahren in der badischen Revolution gekämpft hast? Demselben Wilhelm, der als Kartätschenprinz die Truppen beim Einmarsch in Baden befehligt hat, dem, der die Hinrichtungen der Freiheitskämpfer in Rastatt zu verantworten und Deutschland unter die Pickelhaube gebracht hat? Ausgerechnet du machst bei der Verherrlichung des alten Despoten mit?"

„Jetzt hör mir doch mal zu!", brauste Pfau auf und seine anfängliche Verlegenheit schlug in Zorn um. „Gerade das will ich mit meinem Entwurf verhindern! Ja, der Wilhelm muss natürlich irgendwo auf seinem Denkmal erscheinen. Aber nicht als Kriegsheld hoch zu Ross. Ein kleines, bescheidenes Medaillon mit seinem Porträt haben wir für ihn gelassen. Und ja, auf die Siegesgöttin konnten wir auch nicht verzichten. Darauf hat Rümann bestanden. Dafür war er bereit, Bismarck und Moltke wegzulassen. Im Mittelpunkt des Denkmals sitzt Mutter Germania, nicht als waffenstrotzende Amazone, sondern als treusorgende Mutter, die den preußischen Norden mit den liberaleren süddeutschen Ländern versöhnen will. Ihre Kinder, Buben, die miteinander gestritten haben, stellen die beiden Volksteile dar. Mit ihren Armen führt sie die beiden Knaben zusammen, die sich die Hand reichen. Herrgott nochmal, ich will damit ein Symbol für die deutsche Einheit schaffen. Die innere Einheit! Den Föderalismus! Preußen und die süddeutschen Staaten auf Augenhöhe! Verstehst du das denn nicht?"

„Sind sie das denn? Auf gleicher Augenhöhe? Seit zwanzig Jahren wetterst du gegen die Vormachtstellung Preußens im Reich."

„Irgendwann muss die ein Ende haben! Dafür lohnt es sich doch zu kämpfen!"

„Und was steht drauf – auf deinem Denkmal?", fragte Theobald lauernd.

„Unter dem Medaillon des alten Kaisers mussten wir freilich seinen Namen setzen", gab Pfau zähneknirschend zu.

„Also doch ein Denkmal für den Kaiser!", triumphierte Theobald.

„Haben wir nicht alle Zugeständnisse machen müssen, Herr Hofrat?", gab Pfau bissig zurück. „Jetzt gilt es doch, den Kampf für unsere alten Ziele im neuen Staatsgefüge weiterzuführen – Föderalismus, fortschreitende Demokratisierung, wenn nicht durch Revolution, dann durch Reformen! Was das angeht, muss ich mir doch keine Vorwürfe machen lassen!"

„Lass gut sein", lenkte Theobald endlich ein. „Ich weiß, dass du für deine Attacken gegen die Verpreußung Deutschlands sogar ins Gefängnis gegangen bist. Aber wundern werde ich mich doch noch dürfen! Ich kenne meine Pappenheimer. Für die wird auch dieses Denkmal eine Verklärung des alten preußischen Haudegens sein."

„Eben das soll es nicht werden", polterte Pfau. „Mit meinem Entwurf will ich sie ja verhindern! Unterschätz meine Heilbronner nicht!"

„Bist du dir da so sicher?"

„Da mach ich mir keine Sorgen.", grinste Pfau, der die Zweifel seines Freundes nicht übelnahm. Wie lange hatte er doch selbst mit sich gerungen, ob er den Auftrag annehmen durfte. „Die Heilbronner sehen das sehr gelassen und mit der gebührenden Distanz. Als wir nach einem geeigneten Ort für das künftige Denkmal gesucht und uns schließlich auf einen Platz in der Allee geeinigt hatten, nickte einer der Stadtväter, ein alter Weingärtner, zufrieden und meinte: ‚Da soll's hin. Da stört's am wenigsten.'"

Sie lachten herzlich und prosteten sich zu.

*

Dann kamen sie auf die alten Zeiten zu sprechen, auf ihre Jugendträume während der Revolution in Deutschland, die jetzt schon über 40 Jahre zurücklag. Auf die bange Zeit des Exils. Theobald saß im nahen Straßburg und gab nach einigen Monaten dem Drängen des Vaters nach, zurückzukommen und sich den Gerichten zu stellen. *Aufruf zum Hochverrat* warfen sie ihm vor. Ein langer Winter hinter Gittern auf dem Hohenasperg war das Resultat. Aufgrund der guten Beziehungen seines Vaters zum württembergischen Königshaus war er vorzeitig entlassen worden, nachdem ihm sein Vater ein devotes Gnadengesuch abgerungen hatte.

Pfau landete zuerst in der Schweiz, dann in Paris. Ins Gefängnis wollte er nicht. Seine Flucht wirkte sich nicht günstig auf das Strafmaß aus. In Abwesenheit wurde er zu 21 Jahren Zuchthaus verurteilt. Ebenfalls wegen Hochverrats.

Sie sprachen aber auch über den demokratischen Neubeginn in Württemberg nach der großen Amnestie kurz vor dem Regierungswechsel in den 1860er Jahren, über die einstigen großen Wahlerfolge der Demokratischen Volkspartei, die allerdings schon lange zurücklagen.

Sie fragten sich, wie die Geschichte wohl verlaufen wäre, wenn die Fürsten 1849 die Revolution *nicht* niedergeworfen, das frei gewählte Parlament der Paulskirche *nicht* auseinandergetrieben und die Demokraten nicht verfolgt hätten. Wenn die Verfassung der Pauskirche hätte in Kraft treten können! Fast alle deutschen Fürsten hatten sie im Frühjahr 1849 schon angenommen – die Preußen und Österreicher natürlich nicht. Ein Kaiserreich hätte es zwar auch nach dieser Verfassung gegeben, aber von Volkes Gnaden! Wie hatte es der alte Uhland in einer Rede in der Frankfurter Paulskirche ausgedrückt? Der Kaiser, gesalbt *mit einem Tropfen demokratischen Öls.*

Und ihr eigenes Leben?

„Du wärst vermutlich in Weinsberg geblieben", resümierte Pfau, „wärst irgendwann als Abgeordneter in den Landtag eingezogen oder hättest eine frei gewordene Oberamtsarztstelle in der Provinz übernommen, wie dein Vater."

Theobald schmunzelte: „Und du wärst nicht nach Paris gegangen und zum angesehenen Kunstkritiker aufgestiegen, sondern hättest in Stuttgart weiter dein Witzblatt, den *Eulenspiegel*, herausgegeben, Woche für Woche, Jahr für Jahr. Auf die Idee, ein Denkmal für den Kaiser zu entwerfen, wärst du sicher nie im Leben gekommen."

*

Die beiden kannten sich von Kindheit an. Theobald war vier Jahre älter, aber Ludwigs Vater und Justinus Kerner waren befreundet, hatten auch beruflich miteinander zu tun, denn Philipp Pfau baute in seiner Gärtnerei auch

Heilkräuter an, die der kleine Louis, wie ihn alle nannten, auf Bestellung immer wieder hinüber nach Weinsberg ins Haus des Dichterarztes brachte. Beider Söhne hatten in Heilbronn etwa zur selben Zeit das Gymnasium besucht.

Theobald ging anschließend nach Tübingen, studierte Medizin, vervollständigte seine Ausbildung in München und Wien und war Arzt geworden. Wie sein Vater.

Louis hatte nach dem Gymnasium zunächst in der *Kunstgärtnerei* seines Vaters gearbeitet, der die Parks der Reichen mit erlesenen Pflanzen versorgte. Philipp Pfau war bekannt und geschätzt im weiten Umkreis vor allem für seine Rosen und Azaleen. Eigentlich hätte Louis Theologe werden sollen, Seelengärtner. Deshalb hatte ihn seine Eltern aufs Gymnasium geschickt. Aber das hatte er abgelehnt.

Eine Zeitlang hielt sich Ludwig Pfau auch in Paris auf, als Praktikant in einer großen Gärtnerei. Dann hatte er in Tübingen ein Philosophiestudium begonnen. Justinus Kerner meinte über den Zweiundzwanzigjährigen in einem Empfehlungsschreiben an Sophie Schwab, der Frau des Theologen und Schriftstellers Gustav Schwab, den Pfau in Stuttgart besuchen wollte:

Überbringer dieses ist Herr Pfau von Heilbronn, ein guter, junger Freund von mir und sehr lieber Mensch, dem es äußerst gelegen ist, die Klassiker zu studieren. Er war Gärtner, ist nun aber entschlossen – ich weiß eigentlich nicht, was zu werden. Gedichte macht er schon sehr brave.

Das mit den braven Gedichten sollte sich bald ändern. Kurz vor Beginn der Revolution gründete der Sechsundzwanzigjährige in Stuttgart eine Satirezeitschrift, den *Eulenspiegel*, der rasch zu einem großen Erfolg wurde, besonders, als es im März 1848 dann richtig losging. Da zog er in manchem bissigen Gedicht auf die Zeitumstände gehörig vom Leder. Eines nahm den preußischen König und sein beanspruchtes Gottesgnadentum aufs Korn:

Lied vom Gottesgnadenfritz

Das ist der Gottesgnadenfritz,
Sein Mut ist immer heiter;
Denn auf dem Helme, hoch und spitz,
Trägt er den Blitzableiter.
Ja, trau du nur dem Wetter,
Du aller Narren Vetter! –
Dir schlägt er noch ins Hirn, der Blitz,
O Gottesgnadenfritz!

Auch Theobald hatte für den *Eulenspiegel* satirische Gedichte beigesteuert. Aber es blieb nicht dabei, dass die beiden die politischen Zustände nur satirisch beleuchteten. Mehr und mehr gerieten sie selbst in den Strudel revolutionärer Aktionen, bei denen Theobald Kerner bereits kräftig mitmischte. Der war Stadtrat und Kommandeur der Weinsberger Bürgerwehr, doch vor allem Wahlredner für die Demokraten auf Volksversammlungen in Weinsberg, Schwäbisch Hall und Heilbronn.

Der Einfluss von Pfaus *Eulenspiegel* auf das Tagegeschehen in Württemberg wurde im Laufe des Jahres 1848 immer größer. Bald bildete seine Wochenzeitschrift das Forum der demokratischen Bewegung im Land und sein Verfasser war bekannt wie ein bunter Hund – bei Freunden, Feinden und der württembergischen Staatsregierung, die jede Nummer des Blattes mit Argusaugen prüfte und rigoros zensierte, was Pfau geschickt aufgriff, indem er das Blatt mit weißen oder geschwärzten Stellen erscheinen ließ und mit bissigen Anmerkungen versah. So fand sich unter der Überschrift *Ein Stücklein aus dem neuen Morgenrot, das über Deutschland hereingebrochen ist,* nur ein dicker schwarzer Balken.

Bei Volksversammlungen und Demonstrationen hielt er sich zwar noch zurück, aber dabei war er immer, wenn er es einrichten konnte, so auch an diesem Spätsommertag in Heilbronn.

Minna

Heilbronn, 10. September 1848
Er wartete auf sie im Park der väterlichen Gärtnerei vor dem Sülmertor. Pfau setzte sich auf die Bank im Winkel unter dem Rosenspalier. Wie oft hatten sie sich hier schon getroffen! Sieben Jahre war es her, dass sie sich hier zum ersten Mal geküsst hatten. Damals lebte sie mit ihrer Familie noch hinter dem Sülmertor, keine hundert Meter von der Gärtnerei im Mühlenweg entfernt.

Als Kinder waren sie sich häufig begegnet. Der fünf Jahre ältere Junge des Handelsgärtners Philipp Pfau war der Tochter des Maschinenkonstrukteurs Widmann wie ein großer Bruder vorgekommen. Dann hatten sie sich aus den Augen verloren. Er hatte sich in Paris umgesehen und als er nach einem Jahr wieder zurück war, hatte er die damals Fünfzehnjährige kaum wiedererkannt.

Gestern Abend war er mit dem Zug aus Stuttgart angereist. Seiner Verlobten hatte er geschrieben, ob sie sich sonntags nicht treffen könnten. Ungeduldig blickte er auf seine Taschenuhr. Sie wollte gleich nach dem Familienfrühstück kommen – unter einem Vorwand, eine Tante in der Stadt zu besuchen. Seit ein paar Jahren lebte die Familie in einem Haus neben der Papiermaschinenfabrik ihres Vaters bei Neckargartach.

Da sah er sie. Sie eilte über den gekiesten Hauptweg und bevor sie das Wohnhaus erreichte, bog sie auf den kleinen Pfad ab, der zu den Rosen führte. Pfau stand auf und kam ihr ein paar Schritte entgegen.

Sie trug ein leichtes weißes Sommerkleid, über das sie ein blaues Cape geworfen hatte. Blonde Strähnen fielen über die Stirn und die roten Wangen.

Er schloss sie in die Arme. „Wie schön, dass du da bist. Wenn ich dich sehe und spüre, sind alle Sorgen verflogen."

„Hast du denn welche?", fragte sie erschrocken.

„In diesem Augenblick hab ich nur eins: Dich lieb!"

Er küsste sie auf die Stirn und die Augenlieder.

„Ach Louis", wehrte sie ihn sanft ab und löste sich von ihm. „Warum können wir uns nur im Verborgenen und mit schlechtem Gewissen treffen."

Sie hatte ihn an seinem wunden Punkt getroffen. Schnell wechselte er das Thema: „Bist du den ganzen Weg zu Fuß gegangen?"

Sie schüttelte den Kopf und strich die Strähnen aus der Stirn.

„In Neckargartach bin ich den Fischers begegnet. Sie sind unterwegs zur Volksversammlung nach Heilbronn und haben mich in ihrer Chaise bis zum Sülmertor mitgenommen."

Er umarmte sie wieder, gab ihr einen Kuss und sie setzten sich. Pfau erzählte ihr von seiner Fahrt mit der Eisenbahn nach Heilbronn. Die war erst vor Kurzem eingeweiht worden. Mit der Postkutsche hatte man davor fast einen Tag bis Stuttgart gebraucht, jetzt keine zwei Stunden.

„Die Landschaft fliegt geradezu vorüber und überall stehen Leute, die winken. Vor den Tunnels stößt die Lok einen schrillen Pfiff aus und dann wird es stockdunkel."

„Das wär nichts für mich", sagte sie erschrocken, „ich hätte fürchterliche Angst!"

„Auch wenn ich neben dir säße?"

Sie blickte ihn spöttisch an: „Dann erst recht!"

*

Sie begann von ihrer Mutter zu erzählen, von den jungen Männern, nach denen sie Ausschau hielt, um ihre Tochter endlich zu verheiraten. Denn von ihrer heimlichen Verlobung mit dem jungen Pfau wusste niemand.

„Ich muss mir immer neue Ausreden einfallen lassen, warum mir der eine oder der andere nicht gefällt", klagte sie.

„Ausreden?", hakte Pfau nach, „das hieße ja, dass dir der eine oder andere in Wirklichkeit doch gefällt!"

„Und wenn's so wäre?", gab sie schnippisch zurück. „Ein bisschen Eifersucht würde dir gar nicht schaden. Das würde dich vielleicht endlich auf vernünftige Gedanken bringen."

Pfau wollte es nicht zu einem Streit kommen lassen. Er konnte sie ja verstehen. Die alte Widmann wollte einen Schwiegersohn mit einem soliden Beruf. Für einen Dichter und Zeitungsfritzen war ihr wohl ihre Tochter zu schade. Insgeheim hoffte er, dass ihr Vater leichter zu gewinnen wäre. Er hatte sich immer gut mit ihm verstanden.

Schließlich zog Pfau seine Taschenuhr. „Ich muss los! Sonst komm ich zu spät."

„Kaum bist du da, läufst du mir schon wieder davon. Was willst du denn auf dieser dummen Versammlung?"

„Meine Freunde warten auf mich im Aktiengarten. Willst du nicht mitkommen?"

Minna sah ihn erschrocken an. „Louis, du weiß doch, wie schnell so was die Runde macht. ‚Weiber und Politik', wird es heißen, und wenn erst mein Vater davon erfährt! Ich mag gar nicht daran denken."

„Er hat doch ganz vernünftige Ansichten!", widersprach ihr Pfau. „Ich hab ihn vor kurzem im Vaterländischen Verein reden hören. Er ist zwar kein Demokrat, aber seine Gedanken über einen einheitlichen, freien Markt in Deutschland, ohne Zollgrenzen, das hat mir eingeleuchtet."

Sie senkte den Blick. „Er hält nicht viel von dir, Louis. Das weißt du doch."

Ihre Antwort traf ihn. Er senkte den Blick zu Boden und kickte mit der Fußspitze einen Stein beiseite.

„Eigentlich mag er dich", räumte sie ein. „Aber dein ewiges Hin und Her, mal ein Jahr in Paris, dann verbummelter Student in Tübingen, dann wieder Redakteur in Karlsruhe und Stuttgart… Ja, wenn du in die Gärtnerei deines Vaters einsteigen und irgendwann sein Geschäft weiterführen wolltest, könnten deine Chancen bei ihm steigen. Hat dir dein Vater das nicht sogar angeboten?"

Pfau brummte: „Ich hab lange mit mir gerungen und ich müsste lügen, wenn mich das Angebot nicht gereizt hätte. Das Gärtnern macht mir immer noch Freude. Aber für immer? Als Beruf?

Sie griff nach seiner Hand. „Du darfst mich nicht falsch verstehen. Ich mag dich, so wie du bist. Doch du machst es uns nicht gerade leicht."

Pfau zog seine Hand zurück. „Du musst dich schon etwas verständlicher ausdrücken. Wie mir Theobald erzählt hat, liest dein Vater ganz gern meinen *Eulenspiegel*, den er ihm hin und wieder vorbeibringt."

„Das schon", seufzte Minna, „aber dass ausgerechnet du dieses Witzblatt herausgibst, das stört ihn schon gewaltig. Du seist keine rechte Partie für mich, hat er mir vorgehalten. Einen windigen Stuttgarter Journalisten hat er dich genannt. Dabei kennt er dich schon, seit du ein kleiner Bub warst und mit deinem Vater ist er auch seit Ewigkeiten befreundet. Mutter sieht das wohl genauso."

„Ah, daher weht der Wind! Lass mich raten: Sie hetzt ihn gegen mich auf. Deine Mutter hat mich noch nie leiden können."

Minna wischte sich mit dem Taschentuch die Tränen aus den Augen. „Dass wir uns immer verstecken müssen!"

„Liegt das nicht auch ein bisschen an dir?", fragte Pfau behutsam. „Komm doch mit und lass die Leute reden! Wenn du möchtest, bring ich dich anschließend nach Haus und spreche mit deinem Vater!"

„Bloß nicht!", wehrte Minna ab. „Vater hat gerade genug Schwierigkeiten mit seiner Fabrik. Er würde dich glatt rauswerfen."

„Bei mir und dem *Eulenspiegel* laufen die Geschäfte ganz gut", antwortete Pfau trotzig. „Wir sind drauf und dran, das beliebteste Blatt der württembergischen Demokraten zu werden. Ständig melden sich neue Abonnenten. Wenn sich die Revolution durchsetzt, verdien ich bald mehr als dein Vater mit seiner Maschinenfabrik."

„Wenn!", rief Minna. „Hast du nicht selbst zugegeben, dass es gerade gar nicht gut läuft? Das Parlament in Frankfurt verhandelt und verhandelt, die Fürsten scheint das gar nicht zu kümmern. Sie sammeln ihre Soldaten gegen die Revolution. – Das waren so ungefähr deine eigenen Worte!"

Pfau nickte. Sie hatte ja Recht. Aber konnte man den Feinden der Revolution denn einfach so das Feld überlassen? Das Volk stand doch auf ihrer Seite!

„Deshalb kommen wir heute draußen beim Schießhaus zusammen", erklärte er Minna. „Über zehntausend Leute haben sich angemeldet. Das wird die da oben schon beeindrucken."

Pfau schaute wieder auf seine Taschenuhr und stand auf.

Minna blickte traurig auf. „Kommst du heute Abend nochmal? Ich warte unten am Leinbach auf dich!"

Er umarmte sie und drückte ihr einen Kuss auf die Stirn.

„Um Sieben geht mein Zug nach Stuttgart. Das wird knapp werden. Aber wenn du nach dem Besuch bei deiner Tante um Sechs beim Brückentor sein könntest? Ich werde auf jeden Fall da sein, auch wenn die Versammlung noch nicht zu Ende ist. Dann hätten wir noch ein Stündchen füreinander."

Sie umarmte ihn und drückte ihn so fest an sich, als ob sie ihn nie mehr loslassen wollte.

„Minna", sagte er leise, „wir werden schon einen Weg finden. Vertrau mir einfach."

Dann löste er sich sacht aus ihrer Umarmung.

*

Als er das Sülmertor passierte, traf er auf Theobald, der mit seinen Kameraden gerade aus Weinsberg angekommen war. Sie trugen Blauhemden und rote Halstücher. Ihre mitgebrachten Flinten mussten sie im Wachhäuschen ablegen, bevor sie die Stadt betraten.

Theobald begrüßte ihn fröhlich. „Hast du es in der Landeshauptstadt nicht mehr ausgehalten?" Er boxte ihn mit der Faust vor die Brust. „Gib's zu! Hier draußen weht der frische Wind der Revolution. Nicht im Stuttgarter Ständehaus. Da tagen die Philister und die Professoren. Kommst du gleich mit uns zum Hammelwasen?"

„Ich hab mich mit ein paar Freunden im Aktiengarten zum Mittagessen verabredet. August Bruckmann und Moritz Kallmann sind auch dabei. Unser Abgeordneter Louis Hentges will ebenfalls kommen. Er ist gestern von Frankfurt angereist. Wir sehen uns nachher! Entschuldige. Jetzt muss ich los!"

Mit eiligen Schritten schwenkte er in die Allee ein und steuerte das neue Theater im Aktiengarten an. Was für ein Gedränge! Von allen Richtungen zogen Volksvereine heran, singend und mit wehenden schwarz-rot-goldenen Fahnen.

Freiheit riefen die Leute und *Durch Freiheit zur Einheit. Ein Volk, Ein Parlament!* Vereinzelt hörte Pfau auch *Hecker-Hoch* rufen, *Volkssouveränität* und *Die freie Republik!*

Endlich hatte er den Aktiengarten erreicht. Die Tische im Freien waren voll besetzt. Wie sollte er hier seine Freunde finden? Da hörte er vertraute Stimmen.

„Der rote Pfau!"

„Da ist der *Eulenspiegel* aus Stuttgart!"

August Bruckmann kam auf ihn zu und führte ihn zum Tisch der Heilbronner Demokraten, wo er mit lautem Hallo begrüßt wurde.

„Pfaule, hock dich her!"

Nach den Zensurmaßnahmen gegen sein Blatt wurde er gefragt. Offiziell gäbe es ja keine mehr, nachdem die

Zensur aufgehoben sei. Aber jetzt kämen sie mit Beleidigungsklagen an, wenn ihnen eine Karikatur oder ein Text zu scharf vorkäme.

Er solle sich bloß nicht unterkriegen lassen.

„Im Gegenteil, darüber berichten wir fröhlich. Das bringt uns eine Menge Sympathien ein – und neue Abonnenten!"

„Der *Eulenspiegel* ist in aller Munde. Wir setzen auf dich", bekräftigte Moritz Kallmann. „Den *Eulenspiegel* lesen alle, auch die, die sich gewaltig über ihn aufregen."

Pfau lächelte geschmeichelt. „Mich freut besonders, dass das Volk zugreift. Arbeiter, Handwerker. In den Wirtschaften wird darüber gesprochen und die Karikaturen werden an den Stammtischen herumgereicht. Dabei wird gelacht und das nützt uns am meisten. Wenn die Regierung und ihre Anordnungen nicht mehr ernst genommen werden, dann haben wir bald gewonnen."

„Auf den *Eulenspiegel*", rief Bruckmann und hob sein Glas.

„Wir werden sogar im Hessischen gelesen, in der bayrischen Pfalz und tief unten im Badischen", verkündete Pfau stolz. „Neulich hat uns eine Klage des Freiburger Polizeiamts erreicht!"

Dann wandte er sich an Louis Hentges. „Was ist los bei euch im Frankfurter Parlament? Wieso habt ihr den Waffenstillstand von Malmö nicht verhindern können? Wie könnt ihr zulassen, dass Schleswig verraten werden soll? Schleswig gehört zum Deutschen Bund, nicht zu Dänemark!"

Hentges antwortete verdrießlich: „Weil wir noch keine Reichsregierung haben. Wir können zwar beraten und Forderungen formulieren. Die Preußen kümmert das wenig. Im Gegenteil: Sie zeigen uns rücksichtslos unsere Grenzen auf und schaffen Tatsachen. Immerhin haben wir in Frankfurt den Waffenstillstandsvertrag mehrheitlich abgelehnt."

„Und? Was wird jetzt?", insistierte Pfau.

Hentges zuckte die Schultern. „Nächste Woche beraten wir erneut. Ich bin nicht sicher, wie die Sache dann ausgeht."

„Was wir jetzt brauchen, ist eine zweite Volkserhebung, wie im März. Wir müssen den Fürsten zeigen, wie ernst es uns ist", polterte Bruckmann. „Habt ihr schon gehört, was die Berliner auf der Straße über den preußischen Thronfolger, Prinz Wilhelm singen?" Bruckmann setzte sich in Positur und begann zu deklamieren:

Schlächtermeister, Prinz von Preußen,
Komm doch, komm doch nach Berlin.
Wir wollen dich mit Steinen schmeißen
Und die Barrikaden ziehn.

„Immerhin haben es die Berliner fertiggebracht, dass der Kartätschenprinz, der mit Kanonen auf seine Berliner schießen ließ, bei Nacht und Nebel fort musste. Als Kaufmann verkleidet ist er nach England geflohen", sagte Pfau.

„Er ist schon längst wieder zurück", seufzte Hentges. „Aber Barrikaden hat es in Berlin keine mehr gegeben."

Pfau nickte. „Doch hat er wenigstens schriftlich zusichern müssen, dass er sich für eine Verfassung einsetzt.

„Bloß, wie die aussehen soll, weiß noch keiner", entgegnete Hentges.

Da schaltete sich Kallmann ein: „Die Heilbronner Mädchen sind gerade dabei, einen Verein zu gründen, um den Männern gehörig Feuer unterm Hintern zu machen." Er zog einen Zeitungsausschnitt aus dem *Neckardampfschiff* aus der Tasche und las vor: *Verein patriotisch gesinnter Jungfrauen zur Fertigung scharfer Munition.* So wollen sie ihren Verein nennen." Mit einem auffordernden Blick zu Pfau fügte er an: „Wär das nicht was für deine Minna?"

Pfau seufzte. „Die steht so unter der Fuchtel ihrer Eltern! Da hab ich als Demokrat ganz schlechte Karten."

„Ja die Alten", gab ihm Bruckmann Recht. „Meinem Vater wär's auch lieber, ich würde in unsere Silberwarenfabrik eintreten."

„Du bist wenigstens Eisenbahningenieur. Das ist ein Beruf mit Zukunft!", brummte Pfau. „Einen windigen Journalisten hat mich der alte Widmann genannt."

„Frag den Theobald. Der kann auch ein Lied davon singen. Dicke Luft im Kernerhaus. Dabei hat der alte Justinus anfangs noch munter mitgemacht und uns im Wahlkampf tatkräftig unterstützt."

Bruckmann begann einen Vers zu zitieren, mit dem Justinus für den Murrhardter Schlosser Ferdinand Nägele auf Wahlversammlungen in Weinsberg Werbung gemacht hatte:

Nicht Doktors, nicht gelehrte Geister,
Wir wählen diesen Schlossermeister;
Er schwing die Hämmer klein und groß.
Schlag Deutschland seine Fesseln los.

Pfau lächelte. „Der gute Justinus. Aufrichtig und volksnah. Aber trotzdem hält er am monarchischen Prinzip fest. Er ist kein Mann der Zeit."

„Aber ein Volksmann! Beim Deutschen Turnfest in Heilbronn vor zwei Jahren war er gefeierter Gast und hat sogar eine Hymne für uns geschrieben", widersprach

Louis Hentges. „Daran müsstest du dich eigentlich erinnern", sagte er zu Bruckmann gewandt.

„Freilich! Das Lied wurde ja überall und immer wieder gesungen! Ich kenne sogar noch ein paar Verse:

Turnerbrüder! Seid willkommen,
Seid mit Jubel aufgenommen
In der alten Neckarstadt!"
Hentges fiel ein:
„Schaut des Dampfes mächt'ges Ringen,
Überall schlägt seine Schwingen
Der Bewegung Genius!

Hentges blickte in die Runde und fuhr fort: „Das Deutsche Turnfest 1846 in Heilbronn hat die Massen mobilisiert und unsere Volkserhebung vorbereitet. Aus allen deutschen Landen kam die revolutionäre Jugend nach Heilbronn. *Einheit und Freiheit* hat man damals schon gerufen."

Louis Hentges begann erneut aus einem jüngst im Heilbronner Tagblatt erschienenen Gedicht Justinus Kerners zu zitieren:

Die Freiheit, die uns Einheit schafft,
Sei unser Losungswort!

Er blickte seine Freunde auffordernd an. „Jetzt frag ich euch: Klingt so ein Reaktionär? Nur weil er nicht mit dem Kopf durch die Wand will, ist er deshalb noch lange kein Ewiggestriger!"

„Es wird Zeit", mahnte Kallmann zum Aufbruch. „Die Reden auf dem Festplatz sollen bald losgehen!"

*

Auf dem Marktplatz drängten sich die Menschen. Der gewaltige Zug wälzte sich durch die Brückengasse zum Brückentor. Vor der gedeckten Holzbrücke über den

Neckar kam er ins Stocken. Für solchen Andrang war sie viel zu schmal. Immer noch waren Hunderte unterwegs zum Hammelwasen beim Schießhaus.

Endlich sahen sie die Fahnen wehen, schwarz-rot-gold, hörten die Musik spielen. Ein Ordner kam ihnen entgegen und bugsierte sie zum Ehrentisch.

August Ruoff, der Vorsitzende des Demokratischen Vereins, begrüßte sie von der Tribüne: „Gerade ist Louis Hentges, unser Abgeordneter aus Frankfurt, eingetroffen." Bravorufe, vereinzelt auch Pfiffe. „Begleitet wird er von Ludwig Pfau aus Stuttgart, August Bruckmann und Moritz Kallmann." Laute Bravorufe und donnernder Applaus. „Auch Theobald Kerner ist mit einer Kompagnie der Weinsberger Bürgerwehr gekommen und wird heute zu uns sprechen. Ich darf auch ihn zum Rednertisch an die Tribüne bitten." Wieder Bravorufe.

Kerner schob sich durch die Menge und nahm am Tisch neben Ludwig Pfau Platz.

Louis Hentges sprach als erster. Das eigenmächtige Vorgehen Preußens in der Schleswig-Holstein-Frage verurteilte er entschieden. Dann setzte er sich für ein neues gerechtes Wahlrecht ein und schloss seine Rede mit den Worten:

Ich werde die Überzeugung hegen dürfen, dass ihr euch nicht mehr eure Wahlzettel von fleißigen Ortsvorstehern und frommen Geistlichen ausfüllen lasst, sondern selbst Hand ans Werk legt. Denn ihr werdet, denke ich, die Schmach der Geschichte nicht gönnen, dass ihr auch, wie seit 32 Jahren eure Väter, mit der Schlafkappe des deutschen Michels in den Sarg gelegt werdet.

„Das wär doch eine Karikatur im *Eulenspiegel* wert", sagte Theobald Kerner zu Pfau. „Der deutsche Michel mit der

Schlafkappe im Sarg. – Aber wie kommt er auf 32 Jahre?"

„Denk doch mal 32 Jahre zurück! Wo landen wird da? 1816!", brummte Pfau. „Statt wie versprochen ein einiges Reich zu schaffen, hatten die Fürsten ein Jahr zuvor den Deutschen Bund gegründet, einen lockeren Staatenbund, um die Macht in ihren Einzelstaaten zu sichern. 1816 war der Schwung des Freiheitskriegs gegen Napoleon dahin. Ein Jahr nach dem Wiener Kongress war allen klar, dass es kein einiges, freies Deutschland geben würde und die Zeit der Reaktion begann. – Jetzt spricht Kallmann!"

Pfau deutete auf den nächsten Redner, den Rechtskonsulenten Moritz Kallmann, energischer Demokrat, Jude und Mitglied der Bürgerwehr. Kallmann nahm kein Blatt vor den Mund und schilderte die gegenwärtige Lage schonungslos.

Einst standen wir an der Wiege der jungen Freiheit, jetzt stehen wir an ihrem Grabe. Einst sprach man von Pressefreiheit, jetzt spricht man von polizeilicher Überwachung, von Aufhebung der demokratischen Vereine. Einst träumte man von der Aufhebung der Vorrechte, doch die Wahlen sind immer noch vom Besitz abhängig. Freilich, was soll man auch von dem erwarten, der nichts besitzt? Wer kein Geld hat, der hat kein Vaterland, keine Heimat, keinen Glauben. Denn man fragt nicht, wo ist er her, sondern, wo hat er etwas her; man fragt nicht, was ist er, sondern, was hat er. Der Besitzlose ist ebenso verpflichtet wie der Besitzende, sein Blut für das Vaterland zu vergießen; ist das Blut der Armen etwa nicht so rot, wie das der Reichen?

*

Der Applaus auf seine Rede wollte kein Ende nehmen. August Ruoff machte Theobald Kerner Zeichen, während Kallmann von der Tribüne stieg.

Pfau stieß den Freund mit dem Ellenbogen an. „Du bist dran!"

Doch Kerner applaudierte ungerührt weiter, stand auf, drehte sich um und klatschte seinem Vorredner Beifall, bis dieser wieder Platz genommen hatte. Dann erst machte er sich gemessenen Schrittes zur Tribüne auf. Doch benützte er nicht die Treppe, sondern sprang leichtfüßig mit einem Satz aufs Podium, hob die Arme und lächelte in die Menge, was mit Bravorufen und Johlen begleitet wurde. Was für ein Schauspieler, dachte Pfau.

Auch Kerner schilderte den Ernst der Lage. Er warnte vor den reaktionären Kräften, die die Errungenschaften der Märzrevolution in Frage stellten. Aber vor allem redete er den Massen ins Gewissen:

Nicht andere wollen wir der Reaktion anklagen, wir, wir selbst tragen in uns die Reaktion. Wir, wir hatten die Begeisterung für die Freiheit, ja warum nicht auch den Mut, für sie zu kämpfen? Mut hatten die, die auf den Barrikaden von Wien und Berlin die Fahnen der Empörung schwangen. Mut hatten die belgischen Demokraten, die, als man ihnen das Todesurteil verkündete, nur eine Antwort dafür hatten: „Hoch lebe die Republik!" Mut hatte der, der für des deutschen Volkes Sache zwölf Jahre seines Lebens geopfert hat und gelitten, der für das Volk Verbannung trug und Spott und der jetzt an dem feigen Volk verzweifelnd sich im freien Amerika ein besseres Vaterland sucht. Doch wir, was haben wir? Wir haben den traurigen Mut, ihm nachzusehen, ohne uns zu Tode zu schämen; wir, wir haben viele schöne Worte, eine Faust im Sack und keine, keine Taten! Doch wenn der Freiheitssturm sich wieder erheben sollte, versprecht mir, nein, versprecht es euch selbst, bei allem, was euch heilig ist, dann keine vielen Worte, keine langen

Reden mehr, dann eine rasche mutige Tat!

Die Menge tobte. *Hecker-Hoch-Rufe* wurden lauf. Da hat er sich doch glatt mit Friedrich Hecker soldarisiert, der den Aufstand gewagt hatte, aber kläglich gescheitert war, sinnierte Pfau. Wenn das nur gut geht!

Irgendwo am Rande stand ein unauffälliger Zivilist, der eifrig mitschrieb. Man würde Kerner später bei seinem Hochverratsprozess seine Rede wortwörtlich vorlesen.

„Willst du nicht auch zu uns sprechen?", ermunterte Theobald Kerner seinen Freund.

Pfau winkte ab. „Es ist schon alles gesagt. Am liebsten würde ich jetzt aufstehen und die Republik ausrufen. Aber das wär heute noch zu früh." Er machte eine Pause, dann fügte er an: „Du warst sehr mutig. Dass du an Hecker erinnert hast, wird die Leute besonders getroffen haben, und erst der Appell, endlich zur Tat zu schreiten! Ich hoffe, du hast dich nicht von der Stimmung hinreißen lassen. Rein juristisch gesehen, war das nichts anderes als Aufruf zum Hochverrat!"

„Und wenn?" Kerner funkelte ihn wütend an. „Das musste mal raus! Aber – machst du nicht dasselbe Woche für Woche in deinen Texten im *Eulenspiegel?*

Pfau lachte kurz auf. „Eben deshalb hab ich mir angewöhnt, äußerst vorsichtig auf dem schmalen Grat zwischen Satire und Agitation zu balancieren. Versteh mich nicht falsch. Du hast uns allen aus der Seele gesprochen. Deine Rede hat eingeschlagen und ich wette, sie wird im Lande lebhaft diskutiert werden. Wart mal das Echo in der Presse ab."

Kurz vor Sechs verabschiedete sich Pfau von seinen Freunden, die noch beim Bier zusammensaßen und eifrig diskutierten. Mit eiligen Schritten lief er dem Brückentor zu und musste sich von Zeit zu Zeit energisch einen Weg durch die Massen bahnen, die nun ebenfalls der Stadt und dem Bahnhof zuströmten.

*

Sie wartete schon bei der Brücke auf ihn.

„Lass uns ein Stück am Neckar entlanggehen", schlug er vor.

Etwas abseits von dem Getriebe setzten sie sich auf eine Bank am Ufer und blickten auf den vorbeiziehenden Fluss. Pfau erzählte ihr vom Leben in der Landeshauptstadt.

„Ich hab deine Freunde reden hören", unterbrach sie ihn plötzlich.

Pfau sah sie mit gerunzelter Stirn an. „Warum bist du dann nicht gleich mit mir zur Versammlung gegangen?"

„Ach Louis, du kennst doch die Leute."

„Du wolltest nicht mit mir gesehen werden", sagte er leise und die Enttäuschung darüber war deutlich herauszuhören.

„Ich bin eben vorsichtig. Was ich gehört habe, hat mir Angst gemacht. Von einer zweiten Volkserhebung haben sie gesprochen. Meinst du, die Fürsten lassen euch das einfach so durchgehen? Die Preußen haben doch gezeigt, was sie von unserem frei gewählten Parlament halten."

Pfau nahm einen Stein vom Boden auf und schleuderte ihn ins Wasser. „Wenn die Fürsten sehen, dass sie sich anders nicht halten können, werden sie schon einlenken und schnell begreifen, dass ihre Zeit um ist. Wir brauchen sie nicht mehr. Das mündige Volk kann sein Geschick selbst in die Hand nehmen."

Minna schüttelte den Kopf. „Lass uns nicht mehr davon reden. Erzähl mir lieber wieder von Stuttgart. Wann bekommst du die neue Wohnung?"

Sie saßen noch lange auf der Bank unter einer der Weiden, deren Blätter an den langen Ruten sich bereits gelb zu verfärben begannen. Als Pfau auf seine Taschenuhr blickte, schmiegte sie sich wieder eng an ihn an, als wolle sie ihn nicht fortlassen.

*

Es kam zu keiner zweiten Volkserhebung. Dafür strengte die württembergische Regierung insgeheim Prozesse gegen die Hauptredner in Heilbronn an. Auch Theobald Kerner war darunter. Nur durch die Warnung eines Freundes, der am Königlichen Gericht in Esslingen als Jurist tätig war, erfuhr Theobald von seiner geplanten Verhaftung. Hals über Kopf floh er über die Grenze ins Badische und von dort aus ins sichere Straßburg im französischen Elsass. Seine junge Familie holte er nach.

Ludwig Pfau kämpfte weiter mit der Feder gegen die Reaktion. Es lief nicht gut in diesem Herbst. In Preußen und in Österreich übernahm das Militär die Macht. Der Kaiser in Wien, der König von Preußen in Berlin und der Zar in St. Petersburg besannen sich ihres einstigen Bündnisses und erneuerten die *Heilige Allianz* gegen alle liberalen und demokratischen Bewegungen.

Als die Wiener im Oktober auf die Barrikaden gingen, schlug die Armee die Demonstrationen gnadenlos nieder. Den Abgeordneten und Untersuchungskommissar der Nationalversammlung, Robert Blum, erschossen sie gleich nach seiner Festnahme, ungeachtet seiner Immunität. Das war ein eindeutiges Signal. Laut war der Aufschrei in ganz Deutschland.

Pfau hielt in Heilbronn eine geharnischte Rede auf der für Robert Blum anberaumten Trauerfeier. *Die Republik ist getauft mit dem Blute Robert Blums*, rief er ins Publikum und fügt hinzu, das deutsche Volk würde ihm mit einer mutigen Tat ein Denkmal setzen.

Doch der Versuch der Redner, die Trauerfeier zu einem Fanal für eine zweite Volkserhebung werden zu lassen, schlug fehl. Die Öffentlichkeit setzte auf die Nationalversammlung, die in Frankfurt tagte. Die sollte sich darum kümmern. Das war der einfachere Weg. Dafür hatte man sie ja schließlich gewählt. Die Abgeordneten in der Paulskirche debattierten und brachten tatsächlich Erstaunliches zuwege: Noch Ende des Jahres 1848 verabschiedeten sie die Grundrechte des deutschen Volkes. Schon im März 1849, zehn Monate nach ihrem ersten Zusammentritt, lag die Verfassung des Deutschen Reiches vor. Alles schien doch gut zu laufen!

Aber als der preußische König die ihm vom Parlament angetragene Kaiserkrone als *Reif von Dreck und Letten gebacken* brüsk ablehnte, war mit einem Schlag die Hoffnung dahin. Er beharrte auf sein Gottesgnadentum und wollte kein Kaiser von Volkes Gnaden sein.

Die Demokraten sahen die Stunde gekommen, das Volk endlich zur Tat aufzurufen. Überall im Lande fanden sich wieder Tausende auf Demonstrationen und Volksversammlungen zusammen, um der Verfassung, welche bereits die große Mehrheit der Länderregierungen in Deutschland anerkannt hatte, gegen den Widerstand der Großmächte zum Durchbruch zu verhelfen.

Zwei Wege, ein Ziel

Heilbronn, Mai 1849
Sie trafen sich im Gasthaus *Zur Rose* gleich neben dem Heilbronner Rathaus.

„Theobald! Du siehst gut aus! Das halbe Jahr in Straßburg scheint dir bestens bekommen zu sein!"

„Wär ich nur dort geblieben! Den August Bruckmann haben sie freigesprochen. Nur deshalb hab ich mich von meinem Vater beschwatzen lassen, das sichere Exil aufzugeben und mich zu stellen. Doch inzwischen sieht's zappenduster aus. Die Gerichte urteilen wieder schärfer. Mit einem Freispruch werde ich nicht mehr rechnen können."

Pfau zog die Stirn in Falten. „Die Fürsten glauben, wieder sicher im Sattel zu sitzen, und die Nationalversammlung in Frankfurt läuft bald auseinander. Aber die Revolution ist noch nicht zu Ende. In Baden haben sie vor ein paar Tagen die Regierung gestürzt. Der Großherzog ist geflohen! Auch bei uns in Württemberg ist endlich wieder Schwung in der Bewegung, ebenso in der bayerischen Pfalz. Du wirst sehen: Bald haben wir eine süddeutsche Republik! Nächsten Sonntag finden überall im Land Volksversammlungen statt, die größte in Reutlingen. Aber wem sag' ich das? Du wirst doch als Abgeordneter der Weinsberger Demokraten dabei sein? Wir im Landesausschuss der Demokraten setzen auf dich!"

„Alle bedrängen mich", schimpfte Theobald los. „Hat denn niemand Verständnis für meine Lage? Gegenwärtig bereiten sie in Esslingen meine Anklageschrift vor. Was meinst du, wie das ankommt, wenn ich in Reutlingen Volksreden halte!"

„Aber wenn wir uns durchsetzen – und das werden wir! Was glaubst du, wie schnell deine Anklage vom Tisch ist! König Wilhelm hat die Reichsverfassung anerkannt, so wie die meisten anderen deutschen Staaten. Er wird auch eine Amnestie erlassen müssen. Dafür werden wir schon sorgen!"

„Durchschaut ihr im Landesausschuss das Spiel denn nicht? Die Fürsten versuchen nur Zeit zu gewinnen und die Preußen ziehen bereits Truppen für den Einmarsch in Baden zusammen."

„Wenn sie sich da nicht die Finger verbrennen. Auch die Pfälzer werden dabei sein, die Republik zu verteidigen. Sie wollen schon lange nichts mehr mit Bayern zu tun haben. Täglich ziehen Freischaren aus Bayern, Hessen und anderen deutschen Ländern nach Baden. Die Fürsten, die bis jetzt gezögert haben, können sich nur dann Luft verschaffen, wenn sie die Reichsverfassung ebenfalls anerkennen."

„Die Reichsverfassung!", konterte Theobald. „Da sprichst du das rechte Thema an! Haben wir denn dafür gekämpft? Ist das wirklich unser Ziel gewesen und weiter nichts? Was bringt sie uns denn? Einen Erbkaiser an der Spitze, dazu viele kleine Fürsten in mehr als dreißig

Ländchen. Soll das die Lösung für eine demokratische Zukunft sein? Der Preußenkönig hat schon abgelehnt. Er will kein Kaiser von Volkes Gnaden sein. Wenn du mich fragst: Die Reichsverfassung ist eine Totgeburt. Und überhaupt: Wollten wir eigentlich nicht die Republik in ganz Deutschland durchsetzen?"

„Der Kampf geht doch weiter!", gab Pfau leicht verärgert zurück. „Aber das Eisen ist heiß, wir müssen es schmieden, jetzt! Die Reichsverfassung ist äußerst lebendig und wird von Liberalen wie Demokraten glühend verteidigt. Der gemeinsame Kampf um sie wird uns vorwärtsbringen."

„Das sehe ich nicht so", wies ihn Theobald Kerner zurecht. „Wer auf die Reichsverfassung setzt, hat schon verloren. Ihre Zeit ist um, spätestens seit der Blamage von Berlin, als die stolzen Parlamentarier nach der fatalen Audienz beim König wieder abziehen mussten mit ihrer Kaiserkrone."

„Hast du denn die Hoffnung und deine Ideale ganz aufgegeben?", rief Pfau entsetzt.

Theobald Kerner schüttelte den Kopf. „Eben nicht! Wir brauchen eine neue Strategie. Wir müssen bei den Länderparlamenten ansetzen, nicht bei der Nationalversammlung in Frankfurt. Die hat schon längst den Kontakt zum Volk verloren und genießt keinen guten Ruf mehr. Das Professorenparlament, in dem die Reden kein Ende nehmen. Nein, von unten muss das neue Haus gebaut werden, wenn's nicht einstürzen soll." Er lehnte sich zurück und verkündete in gelassenem Ton: „Ich hab' mich deshalb entschieden, in meinem Wahlkreis zu kandidieren, für die Wahlen zum neuen Landtag am 1. August und zwar auf Seiten der Demokraten."

„Neue Strategie nennst du das?", polterte Pfau. „In den Länderparlamenten kommen wir doch nicht weiter! Das wird ebenso schiefgehen wie in der Nationalversammlung! Der Kampf wird auf den Straßen und Plätzen ausgefochten. Denk an die Badener, denk an die große Volksversammlung in Offenburg und die Vorgänge in Karlsruhe! Wir stehen so kurz vor dem Durchbruch!"

„Fragt sich nur, wohin dein Durchbruch geht", spottete Theobald, „und wenn es ein Durchbruch nach unten wird?"

„Dass du überhaupt den Mut aufbringst, für die Demokraten zu kandidieren", gab Pfau ironisch zurück.

„Es wird mir nicht schaden, im Gegenteil. Einen gewählten Abgeordneten werden sie nicht wegen Aufrufs zum Hochverrat auf die Anklagebank setzen."

„Ah, jetzt begreife ich. Du willst damit nur deinen Hals retten!", giftete Pfau.

„Louis, versteh mich doch, wir sind unterschiedliche Wege gegangen. *In meinem Straßburg war alles so spießbürgerlich ruhig, und jetzt, kaum bin ich in Württemberg, so fängt's an zu rumoren und revolutionsgeistern, dass selbst einem passionierten Gewittervogel wie mir dabei angst wird.* Ich glaube, mit Klugheit und Mäßigung gegen den König könnte man jetzt der Linken einen größeren Dienst erweisen. Selbst wenn es gelänge, den König zum Land hinauszujagen, du wirst sehen: Weder die Preußen noch die Österreicher werden jemals zulassen, dass in Baden, der Pfalz und Württemberg auf Dauer eine Republik errichtet wird. Und die meisten unserer Landsleute halten ja eh am König fest!"

Pfau schüttelte den Kopf. „Was ist bloß mit dir in diesem Straßburg passiert! Wie oft haben wir uns eine zweite Welle der Revolution herbeigewünscht. Du selbst hast hier in Heilbronn vor einem halben Jahr dazu aufgerufen. Jetzt ist die Gelegenheit da und du steckst den Kopf in den Sand?"

„Ich hatte im Straßburger Exil viel Zeit nachzudenken und mir die Sache aus der Distanz anzusehen. Ihr habt euch dagegen in einen Rausch blinder Aktion hineingesteigert."

„Auch in Frankreich lief vor sechzig Jahren alles über die revolutionäre Tat und nicht über planvolles strategisch ausgeklügeltes Handeln", grummelte Pfau.

„Und wozu hat's geführt? Zu Jakobinerterror, dann zum Kaiserreich Napoleons und schließlich sind die alten Bourbonen doch wieder auf ihren Thron zurückgekommen."

„Frankreich ist jetzt eine Republik!", donnerte Pfau.

„Ich weiß. Seit einem Jahr, mit Napoleons Neffe als Staatpräsident!", konterte Theobald. „Es wird nicht mehr lange dauern, dann ist Louis Napoleon Bonaparte wieder Kaiser. Wart's nur ab."

Pfau schüttelte den Kopf. Doch er konnte Theobald nicht widersprechen. Genau das war ihm als Erstes durch den Kopf gegangen, als Louis Napoleon gewählt war.

„Genug von der Politik", versuchte Theobald den Freund zu beschwichtigen. „Wir haben uns so lange nicht gesehen und wollen doch keinen Streit vom Zaun brechen. Wie geht's deiner Familie und deiner Verlobten?"

Pfau blickte ihn mit bitterer Miene an. „Mein Vater steht vor dem Ruin. Er hat mir die Pistole auf die Brust gesetzt. Entweder ich steig' ins Geschäft ein und lass die Politik sausen, oder er verkauft alles und wandert nach Amerika aus. Alle Hoffnung setzt er auf mich. Warum auch immer. Die Aufträge sind eingebrochen. Wer will sich in dieser unruhigen Zeit seinen Garten verschönern lassen? Jetzt hat er noch einen Großauftrag in Wimpfen. Er legt den Park des Mathildenbads neu an. Dann ist Ebbe."

„Und wie steht's mit Minna?", hakte Theobald nach.

„Der alte Widmann mit seiner Papiermaschinenfabrik in Neckargartach ist ebenfalls pleite. Niemand investiert zurzeit in neue Maschinen. Viele seiner Arbeiter hat er schon nach Ostern entlassen müssen. Vor vierzehn Tagen wurde seine Fabrik versteigert – weit unter Wert. Auch er spielt mit dem Gedanken an Auswanderung. Ich hätte allenfalls eine Chance, bei ihm um Minna anhalten zu können, wenn ich dem Drängen meines Vaters nachgebe und die Politik sausen ließe. Aber ich kann mich doch nicht erpressen lassen!"

„Arme Minna!"

Pfau stützte seine Ellenbogen auf den Tisch und legte sein Gesicht in die Hände. „Was würdest du denn tun?", fragte er verzweifelt.

„Das hab ich dir doch vorhin begreiflich zu machen versucht. Mit dem Kopf durch die Wand ist meist der schlechteste Weg. Geh auf deinen alten Herrn zu. Erspar ihm diesen letzten Schritt, alles hinzuwerfen und in Amerika sein Glück zu suchen. Hast du nicht gern als Gärtner gearbeitet? Das liegt dir doch im Blut! Mach das ein paar Jahre, dabei kandidierst du für die Demokraten bei der nächsten oder übernächsten Landtagswahl und wir sehen uns in Stuttgart wieder – beim gemeinsamen Kampf für ein freiheitliches Württemberg, das wir Schritt für Schritt durchsetzen wollen. Und deine Minna wirst du dann auch heimführen können."

„Theobald, Theobald!", murmelte Pfau. „Machst du es dir nicht ein bisschen zu einfach? Ich hab keinen so biegsamen Charakter! Meine Freunde erwarten meinen Einsatz nächsten Sonntag in Reutlingen und dahin mache ich mich morgen auf den Weg. Die kann ich doch jetzt nicht hängen lassen!"

Freiheit oder Tod

Reutlingen, Pfingsten 1849
Unverrichteter Dinge stieg er in den Zug nach Stuttgart. Auf Theobald Kerner mussten sie in Reutlingen verzichten. Hatte er mit seiner Einschätzung Recht? Tatsächlich schien überall die Reaktion auf dem Vormarsch. In Wien und Berlin herrschte bereits wieder das Militär.

Es stand Spitz auf Knopf. Wenn die Revolution dieses Mal versagte, war alles verloren. Aber noch gab es Hoffnung. In Baden war vor drei Wochen endlich der Knoten geplatzt. Die Massen hatten sich mobilisieren lassen. Die Volksversammlung in Offenburg hatte die Entscheidung gebracht. Wie in Reutlingen geplant, trafen sich Delegierte der Volksversammlungen in der Stadt am Fuße des Schwarzwalds und formulierten ultimative Forderungen an die Regierung Bekk in Karlsruhe. Die Soldaten der Garnison in Rastatt solidarisierten sich mit den Aufständischen. Der Großherzog verließ noch in der Nacht das Land. Die Revolution hatte gesiegt.

An Badens Grenzen sollten bald die Schilder ausgetauscht werden. *Republik Baden* statt *Großherzogtum*

Baden. Genauso müsste es in Reutlingen gehen. Reutlingen müsste ein zweites Offenburg werden. Allerdings gab es einen entscheidenden Unterschied. Offenburg und Rastatt lagen an der Bahnlinie nach Karlsruhe. Die Deputierten mit ihrer Botschaft an die Regierung waren in wenigen Stunden in Karlsruhe und wieder zurück in Offenburg. Reutlingen lag an keiner Bahnlinie. Die Wege waren wesentlich länger. Es wäre viel besser gewesen, das Treffen in Heilbronn stattfinden zu lassen – mit Bahnverbindung nach Stuttgart und zur Garnisonsstadt Ludwigsburg. Er hatte sich im Landesausschuss mit diesem Vorschlag nicht durchsetzen können. Reutlingen läge zentraler. Wie sollten denn die Vertreter aus dem Oberland nach Heilbronn kommen, hielt man ihm vor. Dann müsste es eben einen riesigen Demonstrationszug von Reutlingen nach Stuttgart geben!

Alles war vorbereitet. Letzten Sonntag schon hatte die Vorbesprechung im Landesausschuss stattgefunden, jetzt folgte die Generalversammlung der Deputierten aller württembergischen Volksvereine und von Abgesandten sämtlicher Bürgerwehren in Württemberg.

Die Proklamation der Beschlüsse sollte so schnell wie möglich der Regierung in Stuttgart vorgelegt werden. Doch zuvor müsste die große Volksversammlung die Beschlüsse bestätigen – und dazu gebracht werden, nach der Versammlung am Pfingstmontag nicht auseinanderzulaufen, sondern zu einem Volksmarsch in die Landeshauptstadt aufzubrechen.

Er begann sich die künftige Entwicklung auszumalen, während die Landschaft mit den steilen Weinbergterrassen des Neckartals vor dem Zugfenster vorüberzog, und träumte von der zweiten Welle der Revolution, vom

Ende des Feudalismus, von der Republik. Sie brauchten keine Fürsten mehr, das Volk war mündig und konnte sein Schicksal selbst in die Hand nehmen.

Aber der Reihe nach: Die in Reutlingen erhobenen Forderungen konnte die württembergische Regierung Römer natürlich nicht annehmen, genauso wenig wie Bekk in Karlsruhe nicht die Forderung der Offenburger Versammlung hatte akzeptieren können. Doch die Zurückweisung durfte das Volk jetzt nicht mehr hinnehmen. Und genau das müsste den Zündfunken abgeben für einen Volksmarsch nach Stuttgart. Vor seinem inneren Auge sah er die Szenerie: Ganz anders als beim Heckerzug voriges Jahr sollte sich kein bewaffneter Haufe aufmachen, sondern friedlich demonstrierende Massen. Soldaten, die den Auftrag hätten, den Zug aufzuhalten, würden sich weigern, auf sie zu schießen, sich einreihen und mitmarschieren.

Er schloss die Augen, spann den Faden weiter: König Wilhelm würde sich gezwungen sehen, ebenso außer Landes zu fliehen, wie es der badische Großherzog vor drei Wochen getan hatte. Dann würden sich die Soldaten der Garnison in Ludwigsburg der Volksbewegung anschließen und gemeinsam wollten sie dann in Stuttgart die Republik ausrufen. Mit Baden zusammen wäre ein demokratisches Bündnis zu schmieden, dem sich Hessen, die Pfalz und vielleicht auch Bayern anschlössen. Drei Republiken im Herzen Europas stünden in einem Block zusammen: Frankreich, das demokratische Süddeutschland und die Schweiz. Es musste einfach gelingen! Von Süddeutschland aus würde die Revolution die anderen deutschen Staaten erfassen, auch Preußen und Österreich!

*

Die Freunde in Stuttgart erwarteten ihn bereits: August Becher, Landtagsabgeordneter aus Stuttgart, Julius Haußmann aus Ludwigsburg und Karl Mayer, Jurist und Unternehmer aus Esslingen. Gemeinsam wollten sie mit einer Mietkutsche nach Reutlingen fahren. Das ging deutlich schneller als mit der Postkutsche. Unterwegs trug ihnen Pfau sein Konzept vor, wie die Reutlinger Versammlung zum Sprungbrett für die Volkserhebung in Württemberg werden sollte. Haußmann und Mayer waren sofort begeistert.

Becher zögerte. Dann antwortete er trocken: „Das wird nicht gelingen. Die Regierung Römer sitzt zu fest im Sattel. Erst vor zwei Jahren haben die Stuttgarter ihn gefeiert und ihm die Bürgerkrone verliehen. Außerdem ist er hochangesehener Abgeordneter in der Nationalversammlung. Vor vier Wochen hat er dem König die Anerkennung der Reichsverfassung abgerungen. Friedrich Römer gilt als Volksheld und Garant der liberalen Reformen in Württemberg. Die Mehrheit wird auf ihn vertrauen und nicht daran denken, ihn zu stürzen."

„Römer fährt einen Schlingerkurs", warf Karl Mayer wütend ein. „Einerseits gibt er vor, die Nationalversammlung und die Reichsverfassung zu unterstützen, andererseits hält er strikt an der Monarchie fest."

„Einen Großteil des Bürgertums weiß er hinter sich und die Vaterländischen Vereine sowieso", antwortete Becher ruhig.

„Umso gefährlicher kann er uns werden", eiferte Pfau. „Aber er wird doch wenigstens vernünftig genug sein, auf uns zuzugehen, wenn die Massen ihm in Stuttgart unsere Forderungen entgegenbrüllen."

„Unterschätz den Römer nicht", warnte Becher. „Die revolutionäre Regierung in Baden wird er nie und nimmer anerkennen. Im besten Falle wird er die Sache an die Zweite Kammer des Landtags verweisen, um Zeit zu gewinnen."

„Und was sollen wir deiner Meinung nach tun?", fragte Pfau gereizt.

August Becher antwortete ihm gelassen: „Im August stehen Landtagswahlen an. Lasst sie uns zu einer Verfassunggebenden Landesversammlung umfunktionieren. Wenn die Demokraten siegen, haben wir auf legalem Weg Fakten geschaffen, die Römer anerkennen muss."

„Aber bis dahin, haben die Preußen Baden besetzt und den Großherzog auf den Thron zurückgebracht", rief Pfau zornig.

„Louis hat Recht. Wir müssen uns mit den badischen Brüdern solidarisieren, bevor es zu spät ist", warf Haußmann ein. „Wir müssen deutlich machen, dass die württembergischen Bürgerwehren sich dem Kampf gegen die Preußen anschließen werden."

„Und die württembergischen Truppen ebenfalls", betonte Pfau. „Sie müssen den Kampf der Bürgerwehren unterstützen."

„Ich hab sie als ihr Obmann im Landesausschuss aufgefordert, je einen Vertrauensmann nach Reutlingen zu schicken", sagte Mayer. Er zog ein Schreiben aus der Tasche. „Das hat jede Bürgerwehreinheit in Württemberg bekommen."

Er hielt Pfau das Blatt unter die Nase, der es ihm regelrecht aus der Hand riss. „Gut gemacht, sehr gut!", murmelte er, während er die Zeilen überflog. „Die Bürgerwehren sind vorbereitet, einzugreifen. Sie brennen darauf, ihre badischen Genossen zu unterstützen."

„Und sie wollen auf die Reichsverfassung vereidigt werden!", betonte Mayer.

„Wenn's überhaupt so weit kommt", antwortete Becher zögernd. „Jetzt lasst uns erst einmal prüfen, welche Stimmung in den Volksvereinen herrscht. Dann sehen wir weiter."

*

Die Vorbesprechung fand im Gasthaus Ochsen in Reutlingen statt. Schnell wurde deutlich, dass sie ein größeres Tagungslokal für die Generalversammlung brauchten. 400 Deputierte von 200 demokratischen Vereinen aus fast allen württembergischen Oberämtern hatten ihr Kommen zur morgigen Pfingstversammlung zugesagt.

Die Reutlinger Karl Friedrich Schnitzler und Wilhelm Kapff schlugen die Spitalkirche vor. Die erwarteten zahlreichen Gäste aus Baden und der Pfalz konnten dort auf der Empore Platz nehmen und den Verlauf verfolgen.

Als das Dekanat Bedenken äußerte, da es sich ja eigentlich um ein Gotteshaus handelte, wandten sie sich an die Stadtverwaltung, die ihr Vorhaben unterstützte.

Dann ging es um die Hauptpunkte der Proklamation, die noch am selben Tag gedruckt und den Deputierten ausgehändigt werden sollten. Einige plädierten dafür, die Teilnehmer dazu aufzurufen, sich sofort, ohne dass man sich an die Regierung in Stuttgart mit irgendwelchen Forderungen wandte, dem badischen Aufstand anschließen sollte.

„Kein Verhandeln mit der Regierung, kein ewiges Hin und Her. Wir müssen handeln. Jetzt!"

Die Mehrheit zögerte. Das müsse die Generalversammlung entscheiden. Die leitete August Becher, der sich für einen gemäßigten Kurs aussprach.

„Wir legen der Regierung unsere Forderungen vor und wenn diese sie ablehnt, können wir uns immer noch dem Aufstand anschließen."

Mittlerweile wurde bekannt, dass der König südlich von Stuttgart Militär zusammenziehen ließ, falls es zu einem Marsch auf die Landeshauptstadt kommen sollte.

„Wir haben damit gerechnet", beschwichtigte Karl Mayer die aufkeimende Unruhe, „und vielleicht spielt er uns sogar damit in die Hände."

„Dann rufen wir die Soldaten auf, sich anzuschließen. So geschah es auch in Offenburg!", forderte Pfau und kündigte an, diesen „Gruß an die Soldaten" unverzüglich zu verfassen.

Am Samstagabend waren die meisten Delegierten aus allen Landesteilen eingetroffen. Die Vertreter machten allerdings keinen Hehl daraus, dass es ihnen um die Rettung der Reichsverfassung, nicht um die Ausrufung der Republik ging. Es gab manche heiße Diskussion mit den Linken, die als erstes Ziel die Abschaffung der Monarchie forderten. Doch die Mehrheit wollte keinen blutigen Weg zu einer Republik, sondern die Fortsetzung des von der Nationalversammlung eingeschlagenen Kurses im gesetzlichen Rahmen.

Pfingstsonntag, um 15 Uhr, kam die Generalversammlung zusammen. Überall sah man schwarz-rot-goldene Fahnen, aber nirgends die rote Fahne der Revolution. Die Spitalkirche war gedrängt voll. Von der Empore verlangten Abgesandte aus Baden schon vor Beginn der Sitzung lautstark das Ende der ewigen Debatten und einen Aufruf an alle Bürgerwehren in Württemberg, sich dem badischen Kampf anzuschließen.

Dazu konnte sich die Mehrheit der Delegierten jedoch nicht durchringen. Schließlich einigte man sich auf folgende Eckpunkte, die der königlichen Regierung in Stuttgart vorgelegt werden sollten:

Die vollständige Durchsetzung der von fast allen deutschen Staaten anerkannten Reichsverfassung, die Aufhebung des stehenden Heeres – was die Auflösung der Armee des Königs bedeutete –, dafür eine Volksbewaffnung, um gegen die Reichsfeinde vorgehen zu können – darunter verstand man in erster Linie Preußen – , die Einberufung einer Verfassunggebenden Versammlung in Württemberg – das hieß die Revision der württembergischen Verfassung – und die Abschaffung aller noch bestehenden Feudallasten im Königreich Württemberg.

Pfau bestand darauf, dass auch folgender Passus aufgenommen wurde: Falls die Forderungen von der Regierung in Stuttgart abgelehnt werden sollten, riefe man zum Volksaufstand auf.

Mehr war nicht durchzusetzen. Pfau war sich sicher, dass Römer die Forderungen nicht annehmen würde. Warum solche Umwege. Dieser Zeitverlust!

Am Pfingstmontag sollte die große Volksversammlung im Reutlinger Badgarten stattfinden. An die 20.000 Teilnehmer wurden nach letzten Meldungen erwartet.

Pfau war vom Ergebnis der Generalversammlung bitter enttäuscht. Wenn man heute wieder nur Forderungen stellte und Solidaritätsadressen für Baden formulierte, dann war der ganze Schwung dahin. Morgen Abend würden die Teilnehmer wieder heimfahren. Wenn bis dahin der Funke nicht übergesprungen war, wenn es zu keiner Großdemonstration, keinem Zug in die Landeshauptstadt kam, war die Wirkung verpufft. Und wenn die Massen vielleicht doch mobilisiert werden konnten, dann käme alles darauf an, ob sich die Soldaten solidarisierten. Das war zwar schwer vorhersehbar. Aber dieses Risiko musste man eingehen.

*

In der Nacht schlief er kaum, wälzte sich von einer Seite auf die andere, dachte sich rhetorische Finessen aus, wie er die Leute aufrütteln könnte. Um sechs Uhr morgens nahm er an der Sitzung der Vertreter der Bürgerwehren im Badhotel teil.

Jetzt sei der Zeitpunkt für einen mutigen Entschluss gekommen, hielt er ihnen vor, nachdem ihm Karl Mayer das Wort erteilt hatte. Sie müssten sich endlich ihrer Verantwortung besinnen. Wenn sie jetzt klein beigäben, wären sie in den Augen ihrer Mitbürger nichts weiter als ein kostümierter Fastnachtsverein. Die Regierung in Stuttgart würde nicht zögern und die Bürgerwehren erst entwaffnen und dann auflösen. Mayer unterstützte ihn und formulierte einen Abstimmungsbeschluss.

Die Bürgerwehren nahmen ihn an, allerdings nur unter der Voraussetzung, dass die Regierung die Forderungen der Deputation ablehnte. Das würde Tage dauern!

Pfau versuchte es mit einem letzten Anlauf. „Und so lange wartet ihr hier in Reutlingen?"

Die Vertreter der Bürgerwehren sahen ihn betroffen an. Doch ihr Beschluss war gefasst.

„Dann geht jetzt wenigstens in eure Städte und Dörfer zurück und ruft die Wehrmänner dazu auf, nach Stuttgart zu ziehen. Lasst uns einen Sternmarsch organisieren!"

Aber sie wüssten doch gar nicht, ob das denn nötig sei. Vielleicht würden die Forderungen ja doch angenommen. Es war zum Aus-der-Haut-Fahren!

Schon am frühen Vormittag begann das Reutlinger Pfingstfest im Badgarten vor dem Hotel, einem spätklassizistischen Gebäude, das sinnigerweise den Namen *Gasthof zum Kronprinzen* trug. Schnell füllte sich auch der angrenzende Karlsplatz mit Demonstranten.

Doppelt so viele Festteilnehmer trafen sich hier bis zum Nachmittag als die Stadt Einwohner hatte. Der Reutlinger Wilhelm Kapff eröffnete gegen 14 Uhr die Versammlung und begrüßte die zahlreichen Gäste aus Nah und Fern.

Vom Balkon über dem Eingangsportal sprach August Becher als erster Redner. Die hitzige, aufgeregte Stimmung gefiel ihm gar nicht. Er wollte nicht, dass hier alles aus dem Ruder lief. Doch wenn er gehört werden wollte, musste er sich auf seine Zuhörer einstellen.

„Jetzt ist die Zeit zum Reden vorüber und die zum Handeln gekommen!", begann er seine Ansprache.

Tosender Beifall.

Pfau stand ganz vorne und sagte zu Haußmann neben ihm: „Hat er's jetzt endlich begriffen oder ist das nur ein raffinierter Schachzug?"

„Das wirst du gleich hören. Ich glaub nicht, dass er inzwischen von seiner Meinung abgerückt ist. Bin gespannt, wie er die Kurve kriegt."

Das sollte er schon im nächsten Moment erfahren. Becher bekannte sich leidenschaftlich zur Reichsverfassung, machte deutlich, dass man der Nationalversammlung in ihrer schweren Stunde nicht in den Rücken fallen dürfe.

Dann verlas er die Beschlüsse der Generalversammlung: *Unterstützung Badens gegen die Reichsfeinde*. Preußen sollte seine Truppen aus den grenznahen Stellungen zu Baden unverzüglich zurückrufen. *Volksbewaffnung, öffentliche Vereidigung des Heeres auf die Reichsverfassung* und eine *Amnestie für alle politisch Verfolgten*. Den badischen Gästen sprach er seine Anerkennung aus, dass sie Mut zur Verantwortung gezeigt hätten, als der Großherzog Hals über Kopf sein Land verlassen hatte. Sie hätten mit ihrer provisorisch eingesetzten Regierung ein drohendes Chaos verhindert. In Württemberg sei es anders gekommen. König Wilhelm habe sich ja schon vor Wochen hinter die Reichsverfassung gestellt und Friedrich Römer, dem allseits geschätzten Stuttgarter Abgeordneten der Nationalversammlung, die Regierung längst übertragen.

Da machte sich erster Widerspruch bemerkbar. Ein Grummeln, Murren, das allmählich anschwoll. Eine Gruppe Schwarzwälder Bauern mit Fahnen, auf denen „Republik Baden" zu lesen war, rief im Chor: „Die Republik, die Republik, Volkssouveränität. Weg mit den Fürsten!"

Beifall brandete auf.

Becher hielt es für besser, seine Rede mit einem Hoch auf die Freiheit zu beenden.

Da setzte Marschmusik ein und mit klingendem Spiel zog eine Musikkappelle auf den Platz, an der Spitze eine Abordnung der *Reutlinger Jungfrauen* mit einer riesigen Fahne, von einem stattlichen Wehrmann getragen. Von der anderen Seite marschierte gleichzeitig die Freiwilligenkompagnie der Reutlinger Bürgerwehr auf.

Gustav Heerbrandt, Redakteur der *Bürgerzeitung*, Verleger und Vorstand der Turngemeinde, hieß die Jungfrauen willkommen und wollte schon selbst die Fahne in Empfang nehmen. Doch die Wortführerin behielt sie fest in der Hand und wandte sich an den Kommandeur des Freicorps, dem sie die Fahne mit folgenden Worten überreichte:

„Wir weihen euch diese Fahne, empfangt sie als Pfand unserer Freiheitsliebe aus unseren Händen. So streitet nun für unsere gerechte Sache!"

In seiner Dankesrede ging der Kommandeur auf die Symbolik des von den Reutlingerinnen genähten und bestickten Fahnenschmucks ein. Auf der Vorderseite der schwarz-rot-goldenen Flagge war ein Totenkopf mit gekreuzten Knochen in Eichenlaubkranz zu sehen, darüber die Umschrift *Freiheit oder Tod*. Auf der Rückseite zeigte die Fahne gekreuzte Waffen mit dem Schriftzug *Deutschland über alles*.

Unter tosendem Jubel vereinten sich die beiden Züge und die Freiwilligenkompagnie der Bürgerwehr zog, gefolgt von den Reutlinger Jungfrauen, mit wehender Fahne ab.

Anschließend stellte die Volksversammlung noch weitere Forderungen an die Regierung: Es sollte einen rigorosen Sparkurs geben. Die Zuwendungen an den Königshof sollten eingeschränkt werden. Außerdem: Selbständigkeit der Gemeindeverwaltung, Wahl der Offiziere bis zum Hauptmann durch die Mannschaften und Aufhebung der Militärgerichte.

„Morgen werden wir in Stuttgart die Beschlüsse persönlich überreichen. Römer bleibt gar keine Wahl. Er muss auf uns eingehen."

Pfau schüttelte den Kopf und antwortete seinem Freund Karl Mayer: „Wenn Bechers Strategie aufgeht, wird Römer die Sache hinausziehen. Bis dahin hat sich die Festgesellschaft längst verlaufen. Der Schwung ist hin. Ich hab's geahnt! Die Reutlinger Pfingstversammlung wird ausgehen wie das Hornberger Schießen."

*

Pfau sollte Recht behalten. Friedrich Römer verwies darauf, man könne nicht davon ausgehen, dass die Reutlinger Volksversammlung den Willen der Mehrheit des württembergischen Volkes ausdrücke. Deren Beschlüsse lehnte er rundweg ab. Der Landtag weigerte sich, die Delegierten persönlich zu empfangen, und übergab die Forderungen einem Ausschuss, der zwei Tage später im Landtag darüber berichten sollte.

In der sich daran anschließenden Debatte betonte Römer, dass die provisorische Regierung in Baden nicht legal zustande gekommen sei. Deshalb könne man mit ihr nicht verhandeln, allenfalls mit einer vom Großherzog berufenen neuen Regierung wäre das denkbar. Dafür müsse dieser aber zunächst wieder nach Baden zurückgekehrt sein.

Mit einer klaren Mehrheit von 60 Stimmen gegenüber 18 lehnte der Landtag deshalb eine Übernahme der Reutlinger Beschlüsse ab.

Es folgte lauter Protest der demokratischen Vereine und der Bürgerwehren. Tags darauf war im Reutlinger Courier folgender Aufruf zu lesen:

Wehrmänner! Setzt euch in Bereitschaft zur Gegenwehr, um gerüstet und geordnet dazustehen, wenn der Schlachtruf ertönt. Es gilt, die reichsfeindlichen Elemente zu bekämpfen, den feierlichen Schwur zu halten, den wir geleistet haben.

Doch der Schlachtruf ertönte nicht und zu einer Volkserhebung wie in Baden kam es erst recht nicht. Im Gegenteil. Die Konservativen triumphierten, die demokratischen Volksvereine warteten erst mal ab, ob sich nicht vielleicht doch noch eine Gelegenheit zum Verhandeln bot.

Römer aber taktierte weiterhin geschickt und seine Rolle als Abgeordneter der Nationalversammlung und württembergischer Kabinettschef half ihm dabei.

Kaum hatte nämlich der preußische König die Kaiserkrone abgelehnt, hatte sich ein Großteil der gewählten Volksvertreter der Frankfurter Paulskirche den Anweisungen ihrer Fürsten gebeugt und das Parlament verlassen. Die Nationalversammlung schrumpfte und die Reichsverfassung, um die sie die letzten Monate gerungen hatten, konnte nicht mit Leben erfüllt werden. Für viele Bürger in Württemberg wie in ganz Deutschland hatte sie damit ihre Hauptaufgabe verfehlt.

Als gar auf preußischen Druck in Frankfurt ihre Auflösung drohte, lud Römer die verbliebenen Abgeordneten zur weiteren Tagung nach Stuttgart ein – und diese nahmen dankbar an. Württemberg hatte ja die Reichsverfassung anerkannt. Mit diesem Schritt konnte sich die württembergische Regierung kurzfristig als Schutzmacht der Nationalversammlung profilieren. In Wirklichkeit geriet das Parlament so unter die Kontrolle König Wilhelms und seines Regierungschefs Römer.

Als die Parlamentarier aus Frankfurt die Grenze nach Württemberg überschritten, wurden sie jubelnd begrüßt. In Heilbronn bot man ihnen einen feierlichen Empfang, bevor sie mit der Bahn weiter nach Stuttgart reisten.

Friedrich Römer aber gewann Zeit.

Die führenden Demokraten zögerten. Jetzt zu einem Aufstand aufrufen? Sähe das nicht so aus, als wolle man den Abgeordneten, kaum dass sie in Stuttgart angekommen waren, in den Rücken fallen?

Erst als sich deutlich zeigte, dass das „Rumpfparlament", wie es bald geringschätzig genannt wurde, in Stuttgart immer stärker unter den Druck der württembergischen Regierung geriet, formierte sich der Widerstand.

Abschied von Minna

Heilbronn, Juni 1849
Gemeinsam waren sie am Morgen in Reutlingen aufgebrochen, zu Pferd. Nun begleiteten ihn die Freunde zum Bahnhof in Stuttgart.

Während sie am Bahnsteig auf den Zug warteten, überraschte sie Pfau mit der spontanen Ankündigung: „Ich fahr nach Heidelberg zu Sigel!"

Julius Haußmann lachte bitter. „Willst du ihn denn überreden, mit seiner badischen Revolutionsarmee Württemberg zu befreien?"

Karl Mayer dagegen schlug Pfau auf die Schulter. „Das wäre vielleicht gar keine schlechte Idee. Aber wir müssten es so hinbekommen, dass die württembergischen Bürgerwehren die Badener zu Hilfe rufen."

„In Heilbronn ist die Empörung groß", stimmte ihm Pfau zu. „Da ließe sich vielleicht was machen. Heute Abend bin ich in der Stadt. Hoffentlich erwische ich August Bruckmann noch. Der kommandiert die Turnerwehr. Die wären sicher gleich dabei. Spätestens morgen früh rede ich mit ihm. Dann fahr ich mit dem Dampfschiff weiter nach Heidelberg."

Mayer nickte. „Der Gedanke gefällt mir immer besser. Das Oberamt Heilbronn grenzt an Baden. Heilbronn könnte auch für den badischen Kriegsminister Sigel eine strategische Überlegung wert sein. Bevor die Preußen anrücken, müssen Fakten geschaffen werden."

„Dann wünsch ich dir viel Glück zu deiner Mission!", brüllte Haußmann in den Lärm des einfahrenden Zugs hinein.

Als Pfau sich nach dem Einsteigen noch einmal am offenen Fenster zeigte, rief Haußmann zu ihm hoch: „Ich versuch mein Glück in Ludwigsburg! Vielleicht krieg ich raus, wie die Stimmung in der Garnison ist."

Während der Fahrt im rumpelnden Zug sortierte Pfau seine Gedanken. Noch war nicht alles verloren. Die Reutlinger Versammlung würde nachwirken. Schon heute berichtete die Presse über ihre Forderungen, auch darüber, dass der König Truppen hatte einsetzen wollen. Es gab ernsthafte Hinweise darauf, dass die Regierung vorhatte, die Bürgerwehren in Württemberg gewaltsam zu entwaffnen und aufzulösen. Immer entschiedener wurden dort die Forderungen laut, auf die Reichsverfassung vereidigt zu werden. Das aber wollte der König um jeden Preis verhindern.

Hier musste man den Hebel ansetzen. Wenn württembergische Soldaten den Auftrag erhielten, die Bürgerwehren in den Städten gewaltsam zu entwaffnen, sollten sie auf Widerstand stoßen – und die badischen Waffenbrüder stünden an der Grenze bereit, ihnen beizustehen. So könnte es doch noch gelingen!

*

Als er in Heilbronn aus dem Zug stieg, traf er völlig überraschend auf August Ruoff, den Vorsitzender des Demokratischen Vereins in Heilbronn.

„Louis! Schon aus Reutlingen zurück?", begrüßte ihn Ruoff.

„Da sind wir im selben Zug hierhergefahren und begegnen uns erst jetzt auf dem Bahnsteig!", lachte Pfau. „Warst du geschäftlich in Stuttgart?"

Ruoffs Gesicht verfinsterte sich. „Heute war Landtagssitzung. Ich hab mir die Debatte lange genug angehört. Jetzt bin ich auf dem Weg zum Marktplatz, um dort die neusten Beschlüsse zu verkünden."

Inzwischen hatten sie die Neckarbrücke erreicht und mussten sich durch den Strom der Menschen kämpfen, die zum Marktplatz drängten.

„Und du?", fragte Ruoff nach.

„Ich bin auf dem Weg nach Heidelberg zu Sigel."

„Hast du die Hoffnung hier schon aufgegeben?"

„Im Gegenteil! Ich will ihm klarmachen, dass wir die Kräfte bündeln müssen. Die Bürgerwehren in Württemberg stehen bereit. Das will ich heut Abend auch mit Bruckmann besprechen. Er ist doch hoffentlich in Heilbronn?"

„Gestern noch in Stuttgart unter den Delegierten, die Römer unsere Forderungen vorgelegt hatten, heut sammelt er schon seine Turner, um zu den Freischaren nach Baden zu ziehen. Auch einer, der jetzt alles auf die badische Karte setzt!"

„Sag schon, was haben sie in der Kammer beschlossen?"

Eine Gruppe umringte die beiden, drängte Pfau ab und nahm Ruoff in die Mitte.

Bevor er mit ihnen abzog, drehte er sich noch einmal

um und rief ihm zu: „Wart's ab! Gleich bin ich mit meiner Rede dran!"

Seine Freunde aus dem Demokratischen Verein kämpften ihm energisch den Weg durch die Menge zum Rathaus frei. Pfau blieb zurück und steckte bald mitten auf dem Marktplatz in der Menschenmenge fest.

Ruoff hatte inzwischen die Freitreppe des Rathauses betreten und steuerte die Mitte der Empore vor dem Eingang an. Als er seinen Platz am Rednerpult eingenommen hatte, brandete Beifall auf.

Ruoff bat mit heftigen Gesten um Ruhe.

„Bürger!", begann er seine Rede. „Es gibt leider keinen Grund zur Freude. Die Kammer hat die Reutlinger Beschlüsse samt und sonders zurückgewiesen. Sie hat sich den Argumenten der Regierung angeschlossen. Friedrich Römer hat immer wieder betont, keine spontane Volksversammlung wie die in Reutlingen könne die Regierung oder die gewählten Abgeordneten unter Druck setzen."

„Schurke, Verräter", brüllte die Menge.

„Wieso? Er hat doch Recht! In Reutlingen trafen sich nur die Demokraten!", rief einer dazwischen. „Es gibt auch Leute, die anderer Ansicht sind!"

Pfau drehte sich um. Er kannte den Mann nicht, der sich nun von allen Seiten bedrängt sah. Seiner Kleidung nach musste es sich um einen gut situierten Bürger handeln.

„Weg mit dem Kerl", ereiferte sich eine Gruppe um ihn. Da zog der Mann eine Pistole, und im Handumdrehn war eine derbe Schlägerei im Gange. Einer schlug ihm die Pistole aus der Hand, doch dem Zwischenrufer gelang es, sich zum Gasthaus *Falken* durchzuboxen, wo er sich in Sicherheit zu bringen suchte.

Ruoff verlas die Reutlinger Forderungen und berichtete

über den Verlauf der Kammersitzung. Von „borniertem Ministerialfanatismus" sprach er. Den Abgeordneten sei die Rettung der Regierung Römer wichtiger als die Rettung Deutschlands.

Nach der Versammlung begleitete Pfau Ruoff in das Gasthaus zur *Rose*, wo sie mit Bruckmann zusammentrafen, der ihnen ausführlich von seinen Erfahrungen im Gespräch mit Römer berichtete. Seine Meinung war eindeutig. In Württemberg sei nichts mehr zu machen. Jetzt gelte es mit den Freischaren die badische Revolutionsarmee zu unterstützen. Sie allein könnten die Reaktion in Deutschland noch aufhalten.

*

Spät in der Nacht traf Pfau in der Gärtnerei vor dem Sülmertor ein. Sein Vater und sein Bruder Theodor waren noch wach, sahen von den vielen Rechnungen auf, die sich vor ihnen auf dem Tisch stapelten, und begrüßten ihn freudig. Doch als er von der Versammlung in Reutlingen berichten wollte, winkte sein Vater ab.

„Nimm's mir nicht übel, dafür hab ich jetzt keine Nerven. Wenn nicht ein Wunder geschieht, müssen wir alles verkaufen. Dann bleibt nur die Auswanderung. Ich hab die ständigen politischen Auseinandersetzungen so satt! Kein Mensch investiert in diesen bösen Zeiten und ich werd wohl jeden Preis für die Gärtnerei, samt Wohnhaus und Park akzeptieren müssen, den man mir bietet."

„Willst du es dir nicht doch noch einmal überlegen und wieder in der Gärtnerei mitarbeiten?", bedrängte ihn sein Bruder.

Sein Vater redete auf ihn ein: „Die Revolution steht vor dem Ende. Auch du müsstest das eigentlich begriffen haben. Ohne Kaiser kann die Reichsverfassung nicht in Kraft treten, das könnt ihr nicht erzwingen. Der Preußenkönig hat abgelehnt, da wird es kein anderer wagen, die Krone anzunehmen. Mag ja sein, dass ein Großteil des Volkes eure Forderungen gutheißt, aber die militärische Macht haben eben die Fürsten. Denk doch an Wien oder Berlin!"

Pfau blickte von einem zum andern. Dann antwortete er seinem Bruder Theodor: „Du bist doch selbst beim Jungbanner. Habt ihr jetzt auch aufgegeben?"

Betreten schaute Theodor zur Seite.

„Streitet nicht", versuchte ihr Vater zu schlichten. „Ich hatte selbst viele Sympathien mit dem politischen Frühling, der vor einem Jahr aufgeblüht war. Hab ja selber den Vaterländischen Verein in Heilbronn mitbegründet. Tatsache aber ist, dass die Konjunktur den Bach runter gegangen ist. Ich habe keine Kraft mehr." Mit bittendem Blick blickte er zu Theodor, dann zu Louis. „Aber zu Dritt könnten wir es vielleicht schaffen."

„Ich kann auch keine Aufträge aus dem Hut zaubern", wehrte Louis ärgerlich ab.

„Nein, aber du kennst viele einflussreiche Bürger, die dich nicht hängenlassen, wenn du ins Geschäft einsteigst. Jeder kennt dich. Du bist populär geworden. Das würde uns einen entscheidenden Vorteil bringen."

„Wenn ich meine Freunde jetzt im Stich lasse und mich von der Politik verabschiede?", lachte Pfau bitter. „Ich bin Mitglied im Landesausschuss der demokratischen Volksvereine! Wie würden sie meinen Rückzug denn verstehen? Da gäbe es nur eine Antwort: Als glatte Kapitulation."

„Wenn wir gemeinsam zupacken, könnten wir Personal sparen", hielt ihm Theodor vor.

„Ihr wollt mich also als billige Arbeitskraft? Daher weht der Wind. Ich überleg's mir trotzdem", brummte er mürrisch, da er die ganze Debatte leid war. „Entschuldigt mich. Es war ein anstrengender Tag. Jetzt bin ich müde und muss ins Bett."

*

In der ersten Morgendämmerung machte er sich auf den Weg zum Haus der Widmanns. Er führte ein Pferd aus dem Stall und hoffte, dass er rechtzeitig wieder zurück war, bevor die Arbeit in der Gärtnerei losging. Als er am Neckar entlang Richtung Neckargartach ritt, fühlte er sich frisch und ausgeruht. So friedlich erschien ihm der Sommermorgen. Wie schön könnte das Leben sein, ohne die politischen Streitereien, ohne die ständigen Machtkämpfe, ohne den Starrsinn der Fürsten, Freiherren und adligen Hofschranzen, die auf ihren ererbten Vorrechten beharrten.

Die Welt hatte sich geändert. In den Städten wuchsen Industriebetriebe aus dem Boden. Die Werte schufen die Bürger und die Arbeiter, während die Standesherren immer noch die Bauern ausbeuteten und von Zuwendungen des Hofes lebten, die eigentlich die Steuerzahler aufbrachten.

Je näher er seinem Ziel kam, desto zaghafter wurde er. Als er schließlich das Anwesen der Widmanns erreicht hatte, beschlich ihn Wehmut. Er band sein Pferd an eine Weide am Ufer des Leinbachs und ging hinauf zum Wohnhaus bei der Widmannschen Papierfabrik. Dann stand er unter ihrem Fenster.

Wie schon so oft machte er sich bemerkbar. Drei kleine Steinchen warf er hintereinander an die Fensterscheiben ihres Zimmers, wartete ein bisschen, dann wieder und wieder. Endlich bewegte sich die Gardine und Minna öffnete das Fenster.

„Louis? Seit wann stehst du hier? Wart, ich komm runter!" Sie schlossen sich in die Arme und wussten beide schon, dass sie einander keine guten Neuigkeiten berichten konnten.

„Du willst nach Heidelberg? Dort kämpft doch bald die badische Armee gegen die Preußen!"

„Es ist unsere letzte Hoffnung", seufzte Pfau. „Wenn sich Württembergs Bürgerwehren mit den badischen Wehren zusammenschließen, können wir das Ruder noch herumreißen."

„Muss das denn sein", fragte Minna und strich ihm sanft über die Wange. Wie konnte sie ihren Freiheitshelden nur von dieser irrsinnigen Idee abbringen? Sah er denn nicht die Hoffnungslosigkeit dieses Unterfangens ein?

„Warum willst du denn die Welt retten und dich dabei in Todesgefahr begeben? Es gibt doch noch so viele andere Möglichkeiten, sich für Recht und Gerechtigkeit einzusetzen!"

Es fiel ihm nicht leicht, Minna seinen festen Entschluss zu erklären. War es dieses letzte Fünkchen Hoffnung denn wert, ein solches Risiko einzugehen? Aber steckte er nicht bereits viel zu tief im Revolutionsgeschehen drin? Wenn sie scheiterten, musste er mit einem Prozess rechnen, wie alle führenden württembergischen Demokraten und mit einer langjährigen Gefängnisstrafe. Es musste einfach gelingen.

„Meine Freunde zählen auf mich", brummte er. „Versteh mich doch. Ich kann nicht nur im *Eulenspiegel* über die Regierungen wettern und wenn's Ernst wird kneifen. Es ist ein letzter Versuch, das zu retten, wofür wir jahrelang gekämpft haben. Das bin ich mir und meinen Freunden schuldig."

Sie spazierten ein Stück weit den Leinbach hinunter, wo

sie sich auf eine Bank unter den Weiden am Ufer setzten.

„Denkt dein Vater noch immer an Auswanderung?"

Minna nickte. Auch ihr Vater klammerte sich an ein verzweifeltes Hirngespinst, wie er das Ruder herumreißen könnte.

„Zunächst will er allein mit meinem Bruder hinüber nach Amerika, zu den Goldfeldern in Kalifornien, von denen sich alle wunder was erhoffen. Er hat sich in den Kopf gesetzt, dort über Nacht reich zu werden und dann zurückzukommen, um seine Maschinenfabrik wieder aufzubauen."

„Ist er nun zum Abenteurer geworden oder hat er den Verstand verloren?", rief Pfau entrüstet.

„Er hängt seinem Traum nach – wie du", antwortete Minna ruhig und blickte ihn traurig an.

Einen Moment schwieg er verdutzt. Dann runzelte er die Stirn und brauste auf: „Das kannst du doch nicht vergleichen!"

Minna zuckte nur die Schultern.

„Und du, deine Mutter und deine Schwestern?", fragte Pfau weiter.

„Wir bleiben hier – zunächst. Aber Mutter will ihm nur ein Jahr Zeit geben. Dann würden wir nachkommen."

„Was wird dann aus uns?"

„Ach Louis", seufzte Minna. „Haben wir denn überhaupt eine Zukunft? Du bist auf dem Weg in den Krieg gegen die übermächtigen Preußen. Hast du Glück, trifft dich keine feindliche Kugel. Ob du je wieder nach Heilbronn kommen kannst, steht in den Sternen."

Sie drückte ihm einen Kuss auf die Stirn und wagte einen letzten Versuch. „Wenn du dich dazu durchringen könntest, auf deinen Vaters zu hören und in die Gärtnerei einzutreten, dann gäbe es für uns ein Fünkchen Hoffnung. Ich könnte Vater vielleicht dazu bringen, dass er noch vor der Auswanderung in unsere Hochzeit einwilligt."

„Dann gibst du mir die Schuld?", brauste er auf.

Sie seufzte. „Wie könnt ich denn! Ich werde dich immer lieben, auch wenn wir getrennt sind." Sie stand auf. „Ich muss zurück."

Pfau erhob sich ebenfalls.

„Lass es nicht unser letzter Abschied gewesen sein", bat Minna leise und mit Tränen in den Augen.

Pfau drückte sie an sich und küsste sie.

Sie hielt ihn fest, als ob sie ihn nie mehr loslassen wollte. Ihre Tränen konnte sie nicht mehr zurückhalten. Pfau strich ihr übers Haar und wusste nicht, wie er sie trösten konnte. Dann machte sie sich los und eilte davon.

Er sah ihr nach, bis sie im Haus verschwunden war, setzte sich wieder auf die Bank unter der Weide und starrte auf den vorbeiziehenden Bach. Er zahlte für seine Ideale einen hohen Preis – und nicht nur er. Sollte er auf Minna und seine Familie hören?

Er nahm sich vor, hinüber nach Weinsberg zu wandern, um noch einmal mit Theobald Kerner zu sprechen, gleich nachdem er das Pferd wieder zurückgebracht und versorgt hätte. War Theobald nicht in einer ganz ähnlichen Lage?

*

Am späten Vormittag schritt er auf das Haus des Weinsberger Dichterarztes zu. Theobald unterstützte seit einiger Zeit seinen halb erblindeten Vater in der Praxis, der seinen Pflichten als Oberamtsarzt kaum noch nachkommen konnte.

Bevor er die Gartentür öffnete, kam ihm Theobald

entgegen und legte die Finger an die Lippen.

„Schön dich zu sehen", sagte er leise. „Gerade bin ich von den Hausbesuchen zurück."

Der blickte ihn leicht irritiert an.

Dann nahm er Pfau am Arm. „Es ist wohl besser, wir gehen hinüber in den Garten über der Straße."

„Ist jemand krank bei euch?", fragte Pfau bestürzt.

Theobald zögerte. „Mein Vater ist derzeit nicht gut auf uns Demokraten zu sprechen. Ich möchte nicht, dass er auch noch auf dich einredet, endlich *mit dem Spuk* aufzuhören, wie er sich ausdrückt."

„Hat er denn die Hoffnung auf ein einiges und freies Deutschland aufgegeben?"

„Schlimmer noch! Er gibt uns die Schuld an der Reaktion der Fürsten. Wir hätten Deutschlands schönsten Traum zunichte gemacht. Freiheit gäbe es nur mit den Fürsten und nicht gegen sie."

„Das soll er mal dem Preußenprinzen Wilhelm sagen. Der rückt schon mit seinen Truppen und Kartätschen an, um Baden und die Pfalz von den Freiheitskämpfern zu befreien!", giftete Pfau. „August Bruckmann ist drauf und dran, mit seinen Turnern hinüber nach Baden zu marschieren, um sich dem Kampf gegen ihn anzuschließen. Und wie steht's mit dir und deiner Bürgerwehrkompagnie?"

Theobald winkte ab. „Ich hab dir schon mal erklärt, dass ich das für keine gute Idee halte."

Inzwischen hatten sie eine Bank beim Alexanderhäuschen erreicht, ein schmuckes Gartenhaus, das Justinus Kerner gerne als Gästeherberge nutzte. Vor Jahrhunderten hatte es einmal als Totenhäuschen auf einem Pestfriedhof vor der Stadt gedient.

„Die Revolution ist vorbei", sagte Theobald, als sie sich

gesetzt hatten. „Mach dir da nichts vor. Zugegeben, es ist ehrenhaft, für das zusammengeschrumpfte Parlament zu kämpfen. Das ändert aber nichts an den tatsächlichen Machtverhältnissen."

„Wenn alle so daherredeten wie du!", brauste Pfau auf. „Noch gibt es Hoffnung, dass die Bürgerwehren gemeinsam Widerstand leisten!"

Theobalds Zaudern erbitterte ihn. Hatte er bislang noch überlegt, ob er den Bitten seines Vaters und seiner Braut nachgeben sollte, wuchsen jetzt sein Zorn und seine Entschlossenheit, die Flinte nicht so schnell ins Korn zu werfen.

Theobald drang weiter auf ihn ein. „Vermutlich hat Vater Recht. Wir haben den Bogen überspannt. Die große Mehrheit unserer Landsleute will nicht für die Republik auf blutigem Weg kämpfen. Sie wollen Veränderungen in gesetzlichen Formen erreichen."

„Wohin das führt, haben wir ja gesehen!", rief Pfau zornig.

Theobald fuhr unbeirrt fort: „Selbst Friedrich Theodor Vischer, Abgeordneter von Reutlingen in der Nationalversammlung, hat das eingesehen."

„Komm mir nicht mit dem! Mit Vischer bin ich schon lange fertig."

„Aber du warst doch mit ihm befreundet, als du in Tübingen Philosophie studiert hast!"

Pfau lachte bitter: „Damals war er noch ein anderer Kerl, hat sich mit dem Rektor der Universität angelegt und wurde beurlaubt – gegen seinen Willen! Ich habe seine Antrittsvorlesung gehört. Da hat er aufgeräumt mit alten Denkweisen. Jetzt ist er eingeknickt. Seit er wieder Vorlesungen hält, erkennst du ihn kaum wieder."

„Er ist frei gewählter Abgeordneter der Demokraten!", widersprach Theobald.

„Das musst du mir nicht sagen", brummte Pfau. „Aber von der Revolution will er nichts wissen!"

„Er hat Vater geschrieben und über Friedrich Hecker ein vernichtendes Urteil abgegeben. Seine Worte habe ich mir genau gemerkt: *Hecker hat die junge Freiheit misshandelt*, schreibt er. *Er ging von einer großen Idee aus, seine erste Begeisterung war schön und edel, aber sie ging in Verblendung, in Fanatismus, in Verbrechen über.*

„Typisch Vischer", brauste Pfau auf. „Eine Revolution kann nicht immer schön und edel sein."

„Sei vorsichtig, Louis", mahnte Theobald. „Das Risiko ist zu groß geworden. Nicht nur für uns persönlich. Es besteht die Gefahr, dass die letzten Kämpfer für die gute Sache als hoffnungslose Spinner betrachtet werden. Über Friedrich Hecker sind schon Spottlieder im Umlauf."

„Da werden wir mit unserer Presse, mit gern gelesenen Blättern wie meinem *Eulenspiegel*, dagegenhalten. Wir sind weder ehrlos noch wehrlos", eiferte sich Pfau.

„So lange dein *Eulenspiegel* noch nicht verboten ist und so lange du noch die Feder dort führen kannst. Hör zu. Ich hab einen Freund im Esslinger Gericht. Gegen Haußmann, Becher, Mayer und dich werden bereits Anklageschriften vorbereitet wegen Aufrufs zum Hochverrat während der Reutlinger Pfingstversammlung."

„Wir haben uns doch nur für die Reichsverfassung ausgesprochen!", rief Pfau empört.

„Und dass sie notfalls mit Waffengewalt durchgesetzt werden soll – oder etwa nicht?", entgegnete Theobald. „Ihr habt die Bürgerwehren gegen den König und seine Regierung aufgehetzt. Ich sag dir aus eigener Erfahrung.

Am besten wär's, du zögst dich für ein paar Wochen über die Grenze nach Straßburg zurück. Dort bist du in Sicherheit und kannst abwarten, wie die Sache ausgeht – und Gedichte schreiben, kannst du da auch."

Wollte er ihn auf den Arm nehmen?

„Einen Teufel werd' ich tun", wetterte Pfau. „Ich geh denselben Weg wie August Bruckmann – nämlich nach Heidelberg, zu Sigel. Du wirst staunen, was in den nächsten Wochen alles möglich werden wird!"

Im Zorn gingen die Freunde auseinander. Pfau kehrte erst gar nicht nach Heilbronn zurück und machte sich auf dem schnellsten Weg zur badischen Grenze auf. Die Warnung Theobalds vor einer möglichen Verhaftung saß ihm in den Knochen.

Die Preußen kommen!

Heidelberg. Wimpfen, Bretten, Rastatt, Juni/Juli 1849
Zwei Tage später traf er in Heidelberg ein. Seit gut vierzehn Tagen befand sich in der Universitätsstadt am Neckar das militärische Hauptquartier der badischen Revolutionsarmee. Es hatte seinen Sitz im Hotel *Prinz Karl* am Kornmarkt.

Auf den Straßen und Plätzen der Stadt war einiges los. Überall stieß Pfau auf Freischärler aus Hessen, Bayern, der Pfalz und Württemberg, die erregt die jüngsten Ereignisse diskutierten.

Bei ihrem Versuch, nach Darmstadt vorzurücken, seien badische Truppen von hessischem Militär bei Heppenheim besiegt und zurückgeworfen worden.

„Wir müssen nicht nur mit den Preußen rechnen. Auch die anderen Fürsten werden gegen uns ziehen", hielt einer seinen Kameraden vor.

„Es sind Bundestruppen, die Prinz Wilhelm von Preußen kommandiert", erklärte sein Kamerad. „Also kämpfen wir gegen die Preußen. Die stellen sowieso die meisten Truppen."

„Mit den Hessen würden wir schon fertig werden, die Preußen aber lassen Unmengen von Soldaten mit Eisenbahnzügen heranrücken", wusste ein anderer.

„130.000 Mann sollen an der Neckarfront schon bereitliegen."

„Und wie stark sind unsere Verbände?", fragte Pfau.

„Vielleicht 30.000, dazu kommen noch ein paar Tausend Freischärler, wenn's gut geht."

„Sigel ist bei Heppenheim verletzt worden."

„Und wer führt jetzt die Truppen?"

„Er ist nur leicht verletzt. Kriegsminister soll er bleiben. Aber sie haben den polnischen General Mieroslawski gebeten, den Oberbefehl über die Truppen zu übernehmen. Der sitzt seit dem Polenaufstand im Exil in Paris, aber jetzt sei er schon auf dem Weg hierher."

„Der wird sie alle zurückwerfen! Wir kämpfen für die Freiheit – und die armen Hunde auf preußischer Seite?"

„Die kämpfen gegen das freie Deutschland, gegen die Reichsverfassung und gegen ihre eigentlichen Kameraden. Wenn die das endlich begreifen, werden sie die Seiten wechseln."

*

Pfau fragte sich durch zum Hauptquartier im Hotel Prinz Karl. Dort wurde er erst mal nicht vorgelassen, obwohl er sich als Mitglied des Landesausschusses der demokratischen Volksvereine Württembergs vorstellte.

Seufzend erbat er sich Schreibzeug, setzte einen Brief an Sigel auf und gab ihn dem Wachhabenden, mit der Bitte, ihn unverzüglich weiterzuleiten. Dessen Vorschlag, am nächsten Tag noch einmal vorzusprechen, lehnte er ab und wartete Stunden, bis ihn ein Ordonnanzoffizier endlich abholte und zu Sigel führte. Der empfing ihn draußen auf dem Flur. Er habe nicht viel Zeit, begrüßte er Pfau fahrig. Hoffentlich bringe er gute Neuigkeiten aus Württemberg.

Pfau überlegte, wie er seinen Vorschlag in ein günstiges Licht rücken könnte. Die württembergischen Bürgerwehren stünden Gewehr bei Fuß. Sie seien entsetzt über die Hinhaltetaktik ihrer Regierung und vor allem über deren Pläne, die Bürgerwehren zu entwaffnen und aufzulösen. Einige planten einen Volksmarsch nach Stuttgart, um der dort seit kurzem tagenden Nationalversammlung ihre Solidarität auszudrücken."

„Die sollen lieber nach Ludwigsburg in die Garnison", donnerte Sigel, „und die Mannschaften davon überzeugen, sich ihnen anzuschließen oder gleich zu uns kommen, wir können jeden gebrauchen."

„Wäre es nicht besser, sie zu holen?"

Sigel starrte ihn an, als ob er den Verstand verloren hätte.

„Wir stellen uns das so vor", erklärte Pfau, „eine Abteilung der badischen Armee besetzt Wimpfen."

„Aber das ist doch eine hessische Enklave!"

„Führt Hessen nicht Krieg gegen euch?", hielt ihm Pfau vor. „Dieses hessische Fleckchen zwischen Baden und Württemberg hättet ihr schon längst nehmen sollen. Macht es zum Sammelplatz für württembergische Bürgerwehren! Lasst sie euch um Hilfe bitten. Dann zieht ihr mit den Bürgerwehren zusammen in Heilbronn ein, bevor dort württembergisches Militär erscheint. In der Stadt erwartet man euch sehnsüchtig. Das wäre ein Signal für die Erhebung in Württemberg. Ihr braucht dafür nur ein paar hundert Soldaten."

Sigel blickte auf seine Taschenuhr. „Ich muss zur Lagebesprechung. Vielleicht bringe ich dort deinen Vorschlag ein. Wie lange bleibst du in Heidelberg?

„So lang ihr mich hier braucht", versicherte Pfau. „Ich werde morgen wieder vorsprechen."

„Heut Abend noch", rief ihm Sigel zu, bevor er hinter einer der angrenzenden Türen verschwand.

*

Pfaus Plan wurde gebilligt. Zusammen mit den Freischärlern aus dem hessischen Hanau sollten die nach Baden ausgerückten Heilbronner Turner nach Heilbronn vorrücken, um dort die Revolution in Württemberg auszulösen.

Wimpfen und Sinsheim waren zu Sammelplätzen bestimmt worden. Pfau begleitete den badischen Sondergesandten mit einer Abteilung des badischen Heeres nach Wimpfen.

Als sie dort eintrafen, war gerade das Westcorps der Heilbronner Bürgerwehr angekommen, das sich durch seinen Ausmarsch der Entwaffnung durch württembergisches Militär hatte entziehen wollen. Ihr Ostcorps sei Richtung Löwenstein ausmarschiert, berichteten die Heilbronner, um in einem weiten Bogen über Welzheim und Backnang direkt auf Stuttgart vorzustoßen und die Nationalversammlung zu befreien. Ihrem Zug sollten sich die Bürgerwehren aus Hohenlohe und dem Schwäbischen Wald anschließen.

„Die hätten wir jetzt hier gut brauchen können", brummte Pfau. „Allein werden sie nichts erreichen."

Unterdessen schickte man Gesandte zu den Bürgerwehren der Gemeinden im nördlichen Oberamt Heilbronn, um sie ebenfalls zum Aufstand zu bewegen. Mit Erfolg. Aus Frankenbach, Großgartach, Kirchhausen, Neckarsulm, Möckmühl, Neuenstadt, Fürfeld und Bonfeld wurde berichtet, dass die Bürgerwehren vor ihren Rathäusern die Herausgabe von Munition und Waffen forderten und sich auf den Weg nach Wimpfen machten.

Während die Mannschaften neu eingeteilt wurden, ging Pfau zum *Mathildenbad* hinüber. Einer der Heilbronner Wehrmänner hatte ihm einen kurzen Brief seines Vaters übergeben, der ihn um ein Treffen bat. Er erwartete ihn bereits ungeduldig im Park, den er in den letzten Wochen neu angelegt hatte.

Heilbronn sei gestern von württembergischem Militär besetzt worden.

Ob es Widerstand gegeben hätte?

Das schon, aber dann seien die tausend Heilbronner Wehrmänner aus der Stadt marschiert, mit ihren Waffen. Theodor sei mit dem Jungbanner auch dabei. Unten an der Cornelienkirche sei er zur Wache eingeteilt. Dann kam sein Vater auf die Truppenansammlung in Wimpfen zu sprechen. Was denn jetzt geschehen solle.

„Wir werden so schnell wie möglich nach Heilbronn ziehen und hoffen, dass sich die württembergischen Soldaten dort anschließen."

Sein Vater schüttelte den Kopf. „Hirngespinste! Im besten Fall jagen sie euch über die Grenze zurück. Im schlimmsten schießen sie euch zusammen. Ihr werdet den Kürzeren ziehen. Die Revolution ist verloren. Sieh das doch endlich ein und komm mit mir zurück."

„Das kann ich nun nicht mehr", antwortete Pfau entschieden. „Es wird eine Anklage gegen mich vorbereitet."

„Dann geh mit uns nach Amerika. Wir treffen uns in Le Havre. Die Gärtnerei ist so gut wie verkauft. Wir fangen drüben neu an, deine Mutter, deine Schwester, der Theodor, dein kleiner Bruder Gustav, du und ich. Ich wollte zuerst allein rüberfahren und wenn ich einen Platz für eine neue Gärtnerei gefunden hab, die Familie nachholen. Aber du könntest mich gleich begleiten."

„Was ist mit Minna?", fragte Pfau, ohne auf seine Bitte einzugehen.

„Gestern habe ich mit ihr gesprochen. Sie wünscht sich nichts sehnlicher, als dass du zurückkommst und der Spuk endlich vorbei ist. Dass ihr Vater und ihr Bruder bald nach Kalifornien aufbrechen wollen, weißt du ja. Sie wird mit ihrer Mutter hier in Heilbronn bleiben, zunächst jedenfalls."

Pfau stützte seine Stirn gegen den Pfeiler des Pavillons. „Ich kann jetzt nicht aufgeben und einfach davonlaufen."

„Dann willst du hierbleiben und gegen die gut ausgerüsteten Armeen der Fürsten kämpfen, mit den paar Tausend Freischärlern, die ihr habt?"

„Es ist ja nur der Anfang einer zweiten großen Volkserhebung!", brachte er trotzig vor.

„Glaubst du das wirklich?" Sein Vater schüttelte wieder den Kopf. „Dann sehen wir uns hier wohl zum letzten Mal in unserem Leben."

Er umarmte ihn stumm.

„Pass auf dich auf, Louis!", sagte er bedrückt, machte sich los und ließ ihn stehen.

Tags darauf hatte sich die Lage grundlegend geändert. Pfau wurde zu einem Treffen mit Sigel nach Bretten beordert. Die badischen Truppen und die Freischärler sollten alle aus Wimpfen abgezogen werden. Man bräuchte sie dringend zur Verstärkung der Neckarfront. Den Plan, nach Württemberg zu marschieren, müssten sie aufgeben.

Pfau schloss sich der *Schwäbischen Legion* von Freischärlern innerhalb der badischen Armee an, zusammen mit seinen Freunden August Bruckmann und Karl Hasert.

General Mieroslawski setzte in den folgenden Tagen alles daran, die Neckar- und Rheingrenze so zu befestigen, dass die Preußen nicht nach Baden vordringen konnten.

*

Sie saßen an einem verregneten Tag bei Dilsberg in einem Unterstand hoch über dem Neckar.

„Wir halten die Linie von Mannheim bis Eberbach schon seit Tagen. Jetzt bräuchten wir noch mehr Verstärkung aus Württemberg oder Hessen", sagte Pfau zu Bruckmann.

„Die Preußen lassen von Norden keinen mehr durch", brummte Bruckmann. „Die Hanauer Turner waren die letzten, die zu uns stoßen konnten."

„Wenn nur die Pfälzer nicht aufgeben. Ich hab gehört, dass sie bei Kirchheimbolanden eine schwere Niederlage hinnehmen mussten. Der Prinz von Preußen hat dort selbst das Kommando geführt."

„Das Gros der rheinhessischen Legion hat sich in Sicherheit bringen können", wusste Hasert. „Sie wollen nun nach Baden ziehen und die Rheinlinie verteidigen."

Da schlug direkt vor ihnen eine Granate ein. Steine und Erdbrocken prasselten auf ihren Unterstand herab. Pfau konnte Hasert gerade noch unter das behelfsmäßig aus Ästen und Stämmen errichtete Dach ziehen. Bruckmann hatte bereits sein Gewehr angelegt und über den Neckar geschossen, in die Richtung, woher die Granate kam.

„Bist du verrückt? Du zeigst ihnen ja, wo sie uns treffen!", schrie Pfau.

Tatsächlich dauerte es nicht lange und sie hörten das Ka-Wumm des nächsten Geschosses. Sie drückten sich mit dem Rücken flach gegen die Wand ihres Erdloches. Mit Wucht schlug die Granate in ihrer nächsten Nähe ein. Die Erde bebte.

„Raus hier, wir müssen weg", brüllte Hasert, doch Pfau hielt ihn fest.

„Wir dürfen jetzt nicht die Nerven verlieren", schärfte er dem Freund ein. „So lange sie keinen Versuch machen, über den Fluss zu setzen, sind wir hier am sichersten."

Bruckmann war inzwischen wieder zu ihrer Luke hochgeklettert. „Sie wollen ein Boot losmachen!"

„Jetzt sind wir gefordert", rief Pfau und legte ebenfalls sein Gewehr an.

Wie auf Kommando ging links und rechts des Bootes auf dem anderen Ufer ein Kugelhagel der badischen Verteidiger nieder. Die feindlichen Soldaten verzogen sich rasch wieder, doch ihr Schiff war von einigen Schüssen getroffen. Es würde eine Weile dauern, bis es wieder einsatzfähig wäre.

„Das waren Hessen", sagte Hasert, während er seine Flinte nachlud, „ich hab sie an ihrer Uniform erkannt."

„Sie müssen bei den Preußen mitmachen", brummte Pfau. „Was mich irritiert, ist, dass wir hier keine preußischen Truppen sehen. Wo sind die denn? Angeblich werden sie zu Tausenden nach Süden gebracht."

Hasert schimpfte los: „Der verdammte Preußenprinz heckt was aus. Ich werd das Gefühl nicht los, der beschäftigt uns hier oben am Neckar, um irgendwo ungestört einen Coup zu landen."

„Da hat unser neuer Reichsverweser Erzherzog Johann den Richtigen an die Spitze der Truppen berufen", polterte Pfau.

Bruckmann schloss sich an: „Dass es soweit kommen musste! Von der Nationalversammlung als provisorisches

Oberhaupt gewählt. Und was macht er als Erstes? Er organisiert den Krieg gegen die badische und die pfälzische Republik!"

„Die Preußen wären auch ohne seine Einladung gekommen", entgegnete Pfau bitter, „und die Nationalversammlung hätte es besser wissen müssen, als sie Erzherzog Johann von Österreich zum Reichsverweser gewählt hat. Die vom Volk gewählten Abgeordneten haben das in der Revolution geschaffene Reich in die Hände der Fürsten gelegt. Das war Verrat oder zumindest ziemlich naiv, mag der Erzherzog noch so populär sein. Er ist und bleibt ein Habsburger! Aber dass das Volk jetzt nicht zu den Waffen greift, das ist noch schlimmer."

„Wir haben versucht, den Bürgerwehren klar zu machen, dass sie jetzt alle mobilisieren müssen", rechtfertigte sich Hasert. „Aber sobald es ernst wird, ducken sie sich weg. Auch die meisten Heilbronner Wehrmänner, die ausgerückt waren, die Nationalversammlung in Stuttgart zu befreien, haben die Flinte ins Korn geworfen und sind heimgeschlichen, kaum dass württembergische Truppen gegen sie losgeschickt waren."

„Meine Turner nicht!", widersprach Bruckmann. „Wir hätten mehr von dieser Sorte gebraucht!"

*

Hasert hatte mit seiner Vermutung Recht behalten. Nachdem er in der Pfalz kaum auf Widerstand gestoßen war, marschierte Prinz Wilhelm unverzüglich südwärts, links des Rheins, an der Neckarfront vorbei. Die letzten pfälzischen Revolutionstruppen flohen vor ihm her und zogen bei Karlsruhe über den Rhein, um sich den badischen Verbänden anzuschließen.

Heftig tobten die Gefechte um Ludwigshafen und die

Preußen mussten sich wieder zurückziehen. Schließlich überquerten sie im Rücken der badisch-pfälzischen Revolutionsarmee den Rhein bei Karlsruhe und stellten sie bei Waghäusel.

Nach anfänglichen Erfolgen musste Mieroslawski nach Süden ausweichen. Die Preußen rückten nach. Die Neckarfront wurde aufgegeben, aber bis die Bundestruppen übergesetzt waren, konnten sich die meisten Freiheitskämpfer der badischen Hauptarmee anschließen.

Auch jetzt kam zu keiner Volkserhebung, weder in der Pfalz, noch in Baden oder in Württemberg. Die badische Republik, von der die Befreiung Deutschlands hätte ausgehen sollen, stand vor ihrem Ende und der Plan, nach Württemberg vorzurücken, war längst hinfällig geworden.

General Mieroslawski versuchte an der Engstelle zwischen Schwarzwald und Rhein, entlang des Flüsschens Murg eine letzte Verteidigungslinie aufzubauen, die sogar einige Tage standhielt. Während hier erbittert gekämpft wurde, zog Prinz Wilhelm von Preußen in Karlsruhe ein. Die badische Regierung war nach Freiburg geflohen.

Wenig später durchbrachen die feindlichen Truppen die Murglinie und schlossen die Festung Rastatt ein, in der Tausende badische Soldaten Zuflucht gesucht hatten. Manchen gelang es noch, auf abenteuerliche Weise durch die Kanalisation zu fliehen. Viele andere wurden nach der Übergabe der Festung standrechtlich erschossen. Einen Tag später legte Mieroslawski den Oberbefehl nieder. Die letzten 3.000 Kämpfer der badischen Armee flohen in der Nacht vom 11. auf den 12. Juli 1849 über die Grenze in die die Schweiz. Unter ihnen auch Ludwig Pfau.

*

August Bruckmann war dagegen in der eingeschlossenen Festung Rastatt geblieben und nach deren Kapitulation – Monate später – dort als Gefangener interniert. Von seiner abenteuerlichen Flucht erfuhr Pfau erst, als er schon längst in der Schweiz war.

Seine Rettung hatte Bruckmann einer verwegenen Aktion einiger Heilbronnerinnen zu verdanken, die alles daransetzten, ihn aus der Festung herauszuholen. Sie reisten eigens zu diesem Zweck nach Rastatt und erkundeten die Lage. Schließlich bestachen sie eine Köchin, die jeden Tag zur Versorgung der Soldaten und Gefangenen in die Festung kam. Sie gewannen auch deren Freund und brachten beide dazu, ihnen bei ihrem Fluchtplan zu helfen.

In einem Brief schilderte August Bruckmann seiner Familie und seinen Freunden, wie er aus der Festung und aus der streng bewachten Stadt hinauskam.

Um 5 ¾ Uhr trat ich mit meinem Zimmerkommandanten, den ich einweihen musste, damit meine Abwesenheit nicht zu früh verraten würde, – unter heftigem Regen aus dem Hause, in einem alten Soldatenkittel und -mantel. Den beiden Schildwachen vor dem Hause gaben wir uns als Krankenwärter aus und wir zeigten die von mir nachgemachten Personenkarten. – Gut, wir gehen unter lautem Gespräch unsern Weg weiter, an drei Posten, an der ganzen Ablösung von zehn Mann und dem Wachkommandanten mit der größten Keckheit, ja Unverschämtheit vorbei, bis ans Tor des Forts. Dort wurde ebenfalls gerade abgelöst. Wir legitimierten uns wie früher.

Ich wurde schon seit einiger Zeit alle Abend erwartet. Ein Fuhrmann wird gewonnen, wir legen uns auf den Wagen, auf uns kommt Stroh, auf das Stroh setzt sich eine Frau und der Fuhrmann; so fahren wir fort. Am Kehler Tor werden wir von der Wache angehalten.

„Wohin?"

„Nach Baden-Baden, es ist ja schlecht Wetter, um zu Fuß zu gehen."

Die Karten des Fuhrmanns und der Frau waren in Ordnung. Also: „Gut, gut und glückliche Reise!"

Ja, dachte ich unter meinem Stroh, wenn ihr wüsstet. – Und nun auf Umwegen an den Rhein. Ein Schiffsmann war geweckt, kein Grenzwächter war zu sehen. Der arme Schiffer zitterte am ganzen Leib vor Angst. In Frankreich – über dem Rhein drüben – hatte ein Hund angeschlagen. Der Arme hielt es als Alarmschüsse von der Festung. – Endlich brachte ich ihn vorwärts und in zehn Minuten waren wir mitten im Rhein. Eine Viertelstunde später stoße ich ans Ufer und bin mit einem Sprung auf freiem französischem Boden! – Schlag 11 Uhr waren wir in Seltz, wo wir freundlich, ja mit Jubel aufgenommen wurden. Der Bürgermeister ist ein äußerst gefälliger, liberaler Mann, der uns ohne alle Bedenklichkeit den Aufenthalt für einige Tage gestattete.

Tags darauf erhielt ich meine Kleider von der Köchin zurück. Alles ist gut gegangen und die Preußen haben keine Ahnung, wie es ging. Der Kommandant scheint zu glauben, ich sei noch in der Stadt. Er hat das schlaue Gerücht verbreiten lassen, meine Entlassung sei gestern früh um neun Uhr angekommen, und glaubt nun, ich werde schnell herausschlüpfen. Zugleich suchen sie mich in allen Gräben und Lünetten. Also Briefe bitte an Familie Grün in Straßburg schicken.

Als Hochverräter im Schweizer Exil

Zürich, Bern, 1849 bis 1852

Ludwig Pfau kam zunächst in Zürich unter. Seinem Freund Karl Mayer, der ebenfalls mit seiner Familie in die Schweiz geflohen war, aber wegen seiner Anteile an einer Esslinger Metallfabrik finanziell besser abgesichert war, schrieb er wenige Wochen nach seiner Ankunft in Zürich: *Ich bin aber gerade in größtem Saupech.* Seit Mai habe er keinen Pfennig von der Redaktion des Eulenspiegels mehr erhalten. Über eigene finanzielle Mittel verfüge er nicht.

Du wirst begreifen, dass ich ein gänzlich auf den Sand gefahrenes Wrack bin. Ich weiß oft des Morgens nicht, ob ich mich den Tag über satt essen werde. Ich lebe hier verflucht einförmig und ohne alle geistige Anregung, dass ich oft des Teufels werden möchte, nicht einmal aufs Museum kann ich mehr, weil ich mein letztes Quartal nicht zahlen konnte und mit den Flüchtlingen komm ich fast gar nicht zusammen.

Die freiheitliche Schweiz nahm ebenso wie die französische Republik Flüchtlinge aus Baden, Württemberg und der Pfalz auf und geriet prompt in diplomatische

Differenzen zu Preußen und Österreich. Das blieb auch so, als die Preußen den Großherzog wieder nach Karlsruhe gebracht hatten und das Land noch lange besetzt hielten.

Auch das Königreich Württemberg beschwerte sich bei der Schweizer Regierung. Nach der Niederwerfung der Revolution befürchteten die Fürsten, dass sich in der Alpenrepublik ein Flüchtlingsheer neu organisieren und wieder über den Rhein marschieren könnte.

Württemberg verlangte die Auslieferung aller gerichtlich verfolgter Demokraten. Die Schweizer Regierung befand sich in einer Zwickmühle. Die Sympathien der Schweizer waren eindeutig auf Seiten der Freiheitskämpfer. Man war stolz auf die eigene Geschichte. Seit Jahrhunderten hatte man erfolgreich die Unabhängigkeit, die Freiheit und die Neutralität gegen die mächtigen Nachbarn verteidigt, sich gegen die Versuche der Fürsten durchgesetzt, Einfluss auf ihr Land auszuüben.

Die Freiheitskämpfer aus dem benachbarten Baden und Württemberg auszuliefern, hätte unter den Eidgenossen einen Aufschrei der Empörung ausgelöst. Deshalb versuchten die Behörden, diplomatisch vorzugehen, und versicherten, dass die politischen Flüchtlinge, denen man Asyl gewähre, streng kontrolliert würden und sich jeglicher politischen Betätigung in der Schweiz enthalten müssten.

Dem war aber nicht so. Tatsächlich hielten sich viele der geflohenen Demokraten nicht daran, trafen sich regelmäßig, verfassten revolutionäre Flugblätter und schmuggelten sie über die Grenze nach Deutschland.

Das württembergische Außenministerium warf der Schweiz fortgesetzten Missbrauch des Asylrechts und Beherbergung „gehätschelter Flüchtlinge" vor. Die Schweiz dagegen wies darauf hin, alles im Griff zu haben, und verteilte die Flüchtlinge voneinander isoliert auf verschiedene Kantone, um weitere konspirative Treffen zu verhindern.

Außerdem verlangte sie – zumindest offiziell – hohe Kautionszahlungen. Ganz wohl war den Schweizer Behörden dennoch nicht. Sie lebten in ständiger Angst vor einen Einmarsch österreichischer oder preußischer Truppen. Außerdem konnten sie nicht verhindern, dass deutsche Regierungen Agenten in die Schweiz schickten, die als verdeckte Ermittler arbeiteten. Einer dieser Spione berichtete aus Zürich nach Stuttgart:

Es leben in Zürich gegenwärtig etwa zwanzig bis fünfundzwanzig deutsche Flüchtlinge. Sämtliche sagten mir, sie seien im Kanton Zürich interniert, sie würden von der Polizei streng überwacht; es sei ihnen nicht gestattet, politische Versammlungen ohne vorherige Anzeige zu halten. Es werden nur solche Flüchtlinge in Zürich geduldet, welche in einem Kanton der Schweiz das Niederlassungsrecht erhalten haben; dieses wird aber nur auf Kaution erteilt.

Viele Schweizer Bürger halfen den Asylsuchenden, wo sie konnten. Wo Flüchtlinge lebten, bildeten sich spontane Unterstützungskomitees. Oft reichte der Nachweis einer Kaution aus, wenn der Flüchtling den Wechsel einer Bank vorwies, der aber nie eingelöst zu werden brauchte. Bürgschaften bekamen viele auch aus der Heimat. Aber es gab auch Fälle, dass Asylanten ausgewiesen werden mussten.

*

Pfau setzte sich auf eine Bank am Limmatquai und blickte auf das träge dahinfließende Wasser. Seit über einem

Jahr lebte er nun, mehr schlecht als Recht, in Zürich. Ein paar Gedichte und Feuilletons hatte er in der einen oder anderen Zeitung unterbringen können, hatte seine philosophischen Studien wieder aufgenommen und doch hatte er das Gefühl, vor einem Scherbenhaufen zu stehen. Die Hoffnung, dass es in der Heimat doch noch zu einem Aufflammen der Revolution kommen könnte, war längst zerstoben.

Prinz Wilhelm von Preußen residierte, nachdem er Großherzog Leopold wieder in Karlsruhe auf den Thron gesetzt hatte, als Generalgouverneur der preußischen Rheinprovinz in Koblenz und blickte argwöhnisch auf Baden und Württemberg, dessen König ihm zu nachgiebig schien, hatte er doch während der Revolutionszeit die Reichsverfassung anerkannt. So viel war klar: Der *Schlächtermeister von Berlin* würde keine revolutionären Umtriebe im deutschen Südwesten mehr dulden.

Pfau zog Bilanz. Sein Vater und seine Brüder Theodor und Gustav lebten Tausende von Kilometern entfernt in Amerika und versuchten in Ohio einen Neuanfang. Hätte er nicht doch mit ihnen auswandern sollen? War er nicht selbst schuld an seinem Unglück? Alles wäre anders gekommen, wenn er der Bitte seines Vaters gefolgt und in die Gärtnerei eingetreten wäre, bevor er sich in den Landesausschuss der demokratischen Volksvereine hatte wählen lassen. Dann säße er jetzt ungeschoren in Heilbronn, vielleicht schon verheiratet mit Minna, in deren Familie es genauso drunter und drüber ging.

Minnas Vater und Bruder waren irgendwo auf dem Weg nach Kalifornien verschollen. Sehr knapp und beinahe förmlich hatte sie ihm aus Karlsruhe geschrieben, wo sie jetzt mit ihrer Mutter lebte. Sie hatte ihm deutlich gemacht, dass sie keinen Sinn darin sähe, ihr Verhältnis fortzusetzen.

„Mutter will unbedingt nach Vater in Kalifornien suchen", hatte sie am Ende ihres Briefes geschrieben. „Ich kann sie nicht allein rüberfahren lassen und werde sie begleiten. Leb wohl!"

Das war wohl als endgültiger Abschiedsgruß gedacht.

Vom Esslinger Kriminalsenat war er in Abwesenheit zu einer dreimonatigen Freiheitsstrafe verurteilt worden, wegen einer Kleinigkeit. In einem seiner Texte im *Eulenspiegel* habe er die Staatsregierung angegriffen, die sich jetzt beleidigt fühlte. Seine bürgerlichen Rechte hatten sie ihm aberkannt, sein Vermögen beschlagnahmt.

Pfau lachte bitter. Viel war da nicht zu holen. Alles hatte er in den *Eulenspiegel* gesteckt, der zwar noch nicht verboten war, der sich aber wegen der scharfen polizeilichen Überwachung kaum über Wasser halten konnte.

Und das Hauptverfahren sollte erst noch kommen. Seine Mitwirkung an der Reutlinger Pfingstversammlung. Karl Mayer, der Jurist, früher Amtsrichter in Waiblingen, machte ihm da keine Hoffnung. Auf Hochverrat stand eine langjährige Zuchthausstrafe.

Gab es denn gar keinen Lichtblick? Er lächelte, als er an die resolute Tochter seines Zimmerwirts dachte. Von ihren Eltern ließ sie sich nichts sagen, wenn sie manchen Abend mit ihm zusammensaß. Seine Gedichte gefielen ihr. Eigentlich hatte er sich von der Poesie längst verabschiedet. Aber für Lisi machte er hin und wieder eine Ausnahme, wurde rückfällig, beschwor seinen verlorenen Seelenfrieden und fand sogar wieder Lust an der Poeterei. Doch das war nicht für die Öffentlichkeit bestimmt! Die Zeit für romantische Gedichte war vorbei und er hatte unter den Demokraten – im Exil wie in der Heimat – einen Ruf zu verteidigen.

Bei Zürcher und Furrer war es ihm gelungen, seine *Sonette für das deutsche Volk auf das Jahr 1850* unterzubringen. Das waren scharfzüngig formulierte politische Lieder. Er hatte gehofft, damit seine vertrackte finanzielle Lage aufzubessern. Doch sein Verleger machte ihm wenig Hoffnung. Welcher Buchhändler in Deutschland würde es wagen, sie in seinem Laden offen anzubieten? In der Schweiz würde die Nachfrage überschaubar bleiben. Besser als diese lähmende Untätigkeit, war es doch, sagte er sich, stand auf und machte sich auf den Heimweg.

Karl Mayer hatte ihm geschrieben, gefragt, wie es ihm gehe. Er erkundigte sich auch nach Lisi, wie es ihm denn gelungen sei, ihr Herz zu erobern. Pfau nahm einen Bogen Papier, legte sich Feder und Tintenfass zurecht, setzte sich an seinen Tisch und begann zu schreiben.

Eines Nachmittags, als ich vom Spaziergang heimkehrte und meine Tür öffnete, da fand ich das Zimmer von einem Schwarm junger, munterer Mädchen besetzt. Irgendein Skandal auf der Straße hatte ihre Neugierde geweckt und da mein Zimmer für solche Schauspiele die erste Loge bildete, so hatten sie meine Abwesenheit benutzt und sich desselben bemächtigt. Ich nahm schnell meinen Vorteil war, schloss die Tür ab, steckte den Schlüssel in die Tasche und rief: „Erwischt!"

Die Mädchen zogen unsichere, halb lustige, halb verlegene Gesichter. Ich aber fuhr in komisch-pathetischem Ton fort: „Holdselige Jungfrauen, die ihr die stille Klause des einsamen Junggesellen mit Fröhlichkeit füllet, seid mir willkommen! Ich bin der Hausmeister dieses Lustschlosses, in das ich alle hübschen Mädchen einlasse; jede aber, die wieder hinauswill, muss als Buße einen Kuss Trinkgeld bezahlen. Ein Retourbillet kostet zwei!"

Nun ging ein Gekicher und Gelächter durch die lustige Schar, gleich als hätte sie aufs Neue den Beweis zu liefern, dass die Strafe als Abschreckungsmittel eine falsche Theorie ist.

Trotzdem wollte keine der Gefangenen mit Entrichtung des Lösegelds den Anfang machen und die eine schob immer die andere vor. Da es mir jedoch um meine Nachbarin und nicht um die übrigen zu tun war, sagte ich: „Meinetwegen soll diesmal Gnade für Recht gelten. Aber ganz ohne Denkzettel darf's bei diesem Hausfriedensbruch doch nicht abgehen.

Ihr werdet Hälmchen ziehen und wer das kürzeste hat, zahlt für die andern."

Ich riss nun ein Blatt Papier in Streifen, steckte diese zwischen die Finger und ließ die Mutwilligen der Reihe nach ziehen. Zu meiner Nachbarin trat ich zuletzt, und während sie nach dem einzigen noch übrigen „Hälmchen" die Hand ausstreckte, riss ich das Ende desselben unter meiner Hand ab; da war das ihre natürlich das kürzeste.

Jetzt ließ ich die Mädchen an mir vorbei hinausziehen, und als zuletzt die Schuldnerin kam, schloss ich die Tür. Sie bezahlte jedoch bar und verlangte keine Quittung. Und als sie mir jetzt in die Augen sah, war weder Groll noch Reue darin zu entdecken. Das war der erste Kuss, aber nicht der letzte –. Denn sie löste ein Retourbillet. –

Lisi ist nicht nur von harmonischer Wohlgestalt, sondern auch geistig von jenem angeborenen Gleichgewicht der Seele, welches von selber Maß hält wie eine Waage, die sich immer wieder auf ihren Schwerpunkt stellt.

Als Kind des Volkes spricht sie ihr „Züridütsch" ohne Milderung des Dialekts, aber mit den gewählteren Satzbildungen und stilistischen Wendungen des Schriftdeutschen. Dies gibt ihrer Unterhaltung den eigentümlichen Reiz einer Verbindung des Sinnlich-Naiven mit dem Seelisch-Reifen. Das ist umso wirksamer, als sich tiefes Gemüt und klarer Verstand bei ihr zusammenfinden. Sie ist eine Art schweizerischen Gretchens, mit etwas mehr körperlicher Fülle, aber auch geistiger Wucht, mit etwas mehr Umsicht und Selbständigkeit.

Eine republikanische Sympathie mit dem Freiheitskampf des Volkes und ein weibliches Mitgefühl für das Schicksal der Flüchtlinge gibt ihrer Zuneigung eine Art poetische Weihe und so trägt diese liebliche Schweizermaid nicht wenig dazu bei, bei mir die Bitternisse des Exils zu versüßen.

Er versiegelte den Brief und entschloss sich, noch einmal das Haus in der Steingasse zu verlassen und die Sendung gleich zur Post zu bringen.

*

Als er wieder die knarzende Treppe zu seinem Zimmerchen unterm Dach hochstieg, befiehl ihn eine merkwürdige Unruhe. Schon von unten fiel ihm auf, dass unter dem Türspalt ein Brief klemmte. Die Post war doch heute schon gekommen? Wenn ihn nicht der Briefträger gebracht hatte, kam er vom Amt, per Bote. Das ließ Übles ahnen. Er riss das Schreiben an sich, schloss hastig die Tür auf, öffnete mit zitternden Fingern den Umschlag und überflog die Zeilen.

Verdammt! Wütend warf er den Brief auf den Boden, als ob er damit die niederschmetternde Nachricht aus der Welt schaffen könnte, und legte sich aufs Bett.

Also doch! Die Gerüchte, die unter den Züricher

Flüchtlingen umgingen, waren nicht frei erfunden. Es waren keine Hirngespinste der Angst. Auch ihn hatte es jetzt erwischt. Kaum hatte er hier ein bisschen Frieden gefunden, erste Beziehungen geknüpft, endlich einen Verlag für seine Flüchtlingssonette gefunden, da wurde er hinausgeworfen aus dieser Stadt der Philister. Der Züricher Polizeidirektor höchstpersönlich hatte verfügt, dass er sich in Luzern melden sollte.

Am Abend traf er sich mit seinen Freunden. Alle hatten ähnliche Schreiben bekommen. In alle vier Himmelsrichtungen sollten sie versprengt werden: einer nach Glarus, ein anderer nach Uri, einer nach Obwalden, ein anderer gar ins Wallis.

„Warum verteilt man uns nicht gleich auf die verschiedenen Eisgipfel?", donnerte Pfau. „Nur weil sie Angst vor den Preußen und den Österreichern haben! Nach Luzern geh ich jedenfalls nicht."

„Was willst du denn machen?"

„Vorerst bleib' ich hier!", knurrte Pfau.

*

Mein lieber Herwegh!

Man will sich eben wieder einen Teil vom Halse schaffen und sucht deshalb gerade die heraus, von denen man weiß, dass sie in Zürich ihr Auskommen haben, oder in Betreff ihrer Existenz an Zürich gebunden sind. So muss das rote Zelt nach Bern wandern. Alle, die hier als Buchhalter, Hauslehrer etc. förmliche Anstellungen haben, hat man weggeschickt, um sie in irgendeinem Urkanton aufs Pflaster zu werfen, da jede Unterstützung vom Staat aus aufhört.

Am schlimmsten aber sind sie mit den Literaten verfahren. Von denen ließen sie keinen einzigen in Zürich. Ich habe nicht im Sinne, nach Luzern zu gehen, sondern will mit Schäuffelen, der jetzt auch nimmer hierbleiben mag, nach Paris. Ich denke, wenn man sich still verhält, wird man sich schon dort aufhalten können.

Pläne von Paris…

*

Nach ein paar Tagen erschienen Gendarmen im Haus seines Zimmerwirts und fragten nach ihm. Er solle sich schleunigst auf der Polizeiwache melden. Unwillig ging er da hin. Dort eröffnete man ihm, sich umgehend nach Luzern zu begeben und bei den Kantonalbehörden zu melden, die ihn bereits erwarteten. Andernfalls würde er aus der Schweiz ausgewiesen.

Als er zurückkam, wartete Lisi im Treppenhaus auf ihn, um ihn zu warnen. Ihr Vater hätte sich fürchterlich aufgeregt und ihr eine Szene gemacht. Polizei in seinem Haus! Was müssten jetzt die Nachbarn denken? Dass er einen Verbrecher bei sich duldete? Dass seine eigene Tochter ihm schöne Augen machte? Dem dürfte Louis jetzt nicht begegnen.

Er nahm sie stumm in den Arm, als sie so dastand und ihn fragend anblickte, und strich ihr übers Haar.

„Musst du fort?"

Pfau versuchte seine Tränen zurückzuhalten und nickte.

„Liefern sie dich nach Deutschland aus?"

Er schüttelte den Kopf.

„Ich soll nach Luzern, aber da geh ich nicht hin. Ich versuch in Bern eine Aufenthaltsgenehmigung zu bekommen."

Sie schlang ihre Arme um ihn und schluchzte. „Dann werd ich dich wohl nie mehr wiedersehen."

„Bern ist doch nicht so weit weg", versuchte er sie zu trösten. „Wenn ich dort bleiben darf, kann ich dich besuchen."

In Bern wies man seinen Antrag zurück. Als Pfau darauf beharrte, da er als Schriftsteller in irgendeinem Dorf im Kanton Luzern keine Verdienstmöglichkeiten hätte, suchten die Berner einen Kompromiss, schrieben nach Luzern und forderten eine Garantie, dass Pfau jederzeit dorthin abgeschoben werden dürfe. Das lehnte die Luzerner Kantonalsregierung entschieden ab und antwortete, Bern solle ihn doch lieber ganz behalten. Wenn sie das nicht wollten, müsse Pfau eben die Schweiz verlassen. In mehreren Eingaben wandte sich Pfau an die Behörden in Bern und bat darum, endlich toleriert zu werden:

Nachdem ich mich nun zweieinhalb Jahre in der Schweiz und davon ein Jahr in Bern ruhig und tadellos aufgehalten habe, und allen Anforderungen, die ein Land an den Flüchtling, dem es Schutz gewährt, machen kann, auf das strengste nachgekommen bin, soll ich plötzlich wie ein gehetztes Wild von Kanton zu Kanton gejagt werden, jetzt, wo die Auswanderung unmöglich geworden und das Ausland mehr als je verschlossen ist. Diese unverdiente Grausamkeit gegen einen Menschen, der von einem Lande nichts als ein wenig Luft zum Atmen verlangt, ist so augenscheinlich, dass ich hoffen muss, eine verehrliche Regierung von Bern werde sich meiner annehmen.

Schließlich führte seine Beharrlichkeit doch noch zum Erfolg. Pfau bekam endlich eine zeitlich befristete Aufenthaltsgenehmigung für Bern. Einstweilen hatte er versucht, von seinen Freunden in der Heimat Geld für die Kaution aufzutreiben. 800 Schweizer Franken sollte er hinterlegen. Sein Freund Karl Mayer half ihm schließlich aus der Patsche, nachdem Pfau ihm wieder und wieder geschrieben hatte: *Diese ewige Hatz, weil ein Mensch nicht einen Fetzen Papier mit einem polizeilichen Stempel aufweisen kann, ist eigentlich so absurd, dass endlich sogar der Humor sich weigert, länger mitzutun.*

*

Ganz so „ruhig und tadellos" wie er in seinem Bittbrief an die Berner Regierung behauptet hatte, verhielt sich Pfau indes nicht. In deutschen Agentenberichten der Zeit erscheint der damals Dreißigjährige als Drahtzieher eines regelmäßig in Berner Gaststätten tagenden Demokratenzirkels politischer Flüchtlinge. Nicht nur das. Pfau fungierte sogar als Verbindungsmann der in der Schweiz lebenden Demokraten zum Zentralkomitee der Europäischen Demokratie in London. Das wurde ihm schließlich zum Verhängnis. Die Behörden bekamen Wind davon und verfügten die sofortige Ausweisung aus der Schweiz wegen politischer Umtriebe.

Zufrieden vermerkte man in den Akten: *Durch die Ausweisung der politischen Flüchtlinge Frech, Fiala und Pfau aus dem Kanton Bern wurden die Fäden zerrissen, welche die Londoner Komitees an den dortigen Zweigverein der deutschen Refugiés knüpften.*

Wieder stand Pfau vor dem Nichts. Nach Amerika wollte er nicht. Außerdem hätte er die Überfahrt gar nicht bezahlen können. Für diesen Schritt hätte er wieder bei seinen Freunden in Deutschland betteln gehen müssen. Auch hoffte er, doch noch irgendwann wieder nach Deutschland zurückkehren zu können. Wenngleich die Aussichten dafür düster waren.

21 Jahre Zuchthaus „wegen Teilnahme an einer hochverräterischen Verschwörung in Württemberg und an einem hochverräterischen Angriff in Baden"! Dass sich an den politischen Verhältnissen etwas ändern und er auf eine Amnestie hoffen könnte, dafür gab es keinerlei Anzeichen.

Dann eben Paris. Dort kannte er sich etwas aus. Zwölf Jahre war es her, dass er ganz in der Nähe als Volontär in einer großen Gärtnerei gearbeitet hatte. So oft wie möglich war er in die französische Hauptstadt gefahren, schließlich hatte er sein Volontariat aufgegeben und war ganz nach Paris gezogen, um Literatur, und Kunst zu studieren. Kunstmaler wollte er damals werden. Sein Vater war wütend und entzog ihm die monatliche Unterstützung. Pfau schlug sich durch, kolorierte Postkarten und Drucke, arbeitete als Porträtzeichner.

Gerade mal zwanzig war er damals gewesen. Französisch sprach er immer noch leidlich. In Paris lebten ebenfalls eine ganze Reihe politischer Flüchtlinge aus Deutschland, außerdem Heine, dessen Gedichte er schätzte. Wenn er irgendwie und irgendwo als Literat unterkommen könnte, dann in Paris. Vielleicht konnte er von hier aus auch Kontakte nach Deutschland aufnehmen und als Korrespondent für deutsche Journale arbeiten? Hatte es Heine nicht ebenso gemacht?

Zwar herrschte in Frankreich seit Kurzem Louis Napoleon, ein Neffe des Kaisers, jetzt sogar als Diktator mit beinahe unbegrenzten Vollmachten. Eine neue Verfassung hatte er zu diesem Zweck erlassen. In Frankreich war die Revolution ebenso am Ende. Doch was blieb ihm anderes übrig? Also auf nach Paris!

Paris

Paris, 1857
An einem trüben Novembertag führte ihn sein Weg über den Montmartre-Friedhof. Die Bäume hatten schon fast gänzlich ihr Laub verloren und streckten ihre kahlen Äste in den trüben, wolkenverhangenen Himmel. Zwischen den Totenhäusern mit ihren marmornen Säulen und antikisierenden Giebeln kam er sich wie in einer entrückten fernen Welt vor.

Wie viel Reichtum war hier für die letzte Ruhestätte einst einflussreicher Menschen verbaut worden! Als ob dieser Aufwand den unerbittlichen Lauf der Zeiten hätte aufhalten können! Waren im Tod nicht alle gleich, die Armen, die Reichen, die Glücklichen und die Verzweifelten?

Schließlich stand er vor dem Grab, das er suchte. Heine. Da fielen ihm die letzten Verse des Gedichtes *Der Scheidende* ein, das der Dichter geschrieben hatte, als er über sein Schicksal nachdachte – lebendig begraben in seiner Matratzengruft, wo er die letzten Lebensjahre verbringen musste:

Der kleinste lebendige Philister
Zu Stukkert am Neckar, viel glücklicher ist er
Als ich, der Pelide, der tote Held,
Der Schattenfürst der Unterwelt.

Er konnte sich ein Lächeln nicht verkneifen. Noch angesichts des Todes hatte Heine seinen bitteren Humor behalten – und sein Selbstwertgefühl.

Ein paar Jahre schon lag sein Besuch bei ihm zurück. Heine hatte ein paar seiner Feuilletonartikel gelesen und gnädig gelobt. Dann sprachen sie über die deutsche Revolution und Heine ließ kein gutes Haar an ihr. Zu viele unterschiedliche Zielsetzungen, jeder hätte unter Freiheit etwas anderes verstanden. Nicht mal, wenn es gegen die Fürsten ging, sei man einer Meinung gewesen. Ein einiges Kaiserreich wollten die meisten haben, mit dem Preußenkönig an der Spitze. Als der aber ablehnte, liefen alle auseinander und gingen heim, wo es gemütlicher war als auf der Straße.

„Fast alle", hatte Pfau ihn vorsichtig korrigiert. Heine hatte mitleidig gelächelt und ihn nach seinen Erfahrungen im letzten verzweifelten Kampf der Badener gegen die preußischen Invasoren gefragt. Er hatte geduldig Auskunft gegeben, wobei ihm die Aussichtslosigkeit ihres damaligen Vorhabens wieder einmal schmerzlich gewahr wurde.

„Das war aber tapfer", meinte Heine, als Pfau seinen Bericht beendigt hatte. Die Ironie war mit Händen zu greifen. Doch Heine fügte hinzu: „Gescheitert sind Sie und ihre Freunde nur oberflächlich betrachtet an der überlegenen Militärmacht Preußen, doch in Wirklichkeit an ihren eigenen Landsleuten. Die verabscheuen im tiefsten Innern die Revolution."

Heine setzte sich auf, was ihm schon schwerfiel, räusperte sich und rezitierte:

Gelegt hat sich der starke Wind
Und wieder stille wird's daheime.
Germania, das große Kind,
Erfreut sich wieder seiner Weihnachtsbäume.
Gemütlich ruhen Wald und Fluss,
Vom sanften Mondlicht übergossen,
Nur manchmal knallt's – ist das ein Schuss?
Es ist vielleicht ein Freund, den man erschossen.

Dann hatte er sich nach Pfaus eigener Lyrik erkundigt. Pfau hatte ein Bändchen seiner Flüchtlingssonette aus der Tasche gezogen.

„An der markierten Stelle, finden Sie ein Gedicht. Das fasst alles zusammen, was sich über den Freiheitskampf der Badener sagen lässt."

„Lesen Sie mir vor", bat Heine mit schwacher Stimme und sank wieder auf sein Kissen zurück.

Schlaf, mein Kind, schlaf leis,
Dort draußen geht der Preuß!
Deinen Vater hat er umgebracht,
Deine Mutter hat er arm gemacht,
Und wer nicht schläft in guter Ruh,
Dem drückt der Preuß die Augen zu.
Schlaf, mein Kind, schlaf leis,
Dort draußen geht der Preuß!

Schlaf, mein Kind, schlaf leis,
Dort draußen geht der Preuß!
Der Preuß hat eine blutige Hand,
Die streckt er übers badische Land,
Und alle müssen wir stille sein,

Als wie dein Vater unterm Stein.
Schlaf, mein Kind, schlaf leis.
Dort draußen geht der Preuß!

Schlaf, mein Kind, schlaf leis,
Dort draußen geht der Preuß!
Zu Rastatt auf der Schanz,
Da spielt er auf zum Tanz,
Da spielt er auf mit Pulver und Blei,
So macht er alle Badener frei.
Schlaf, mein Kind, schlaf leis,
Dort draußen geht der Preuß.

Schlaf, mein Kind, schlaf leis,
Da draußen geht der Preuß!
Gott aber weiß, wie lang er geht,
Bis dass die Freiheit aufersteht,
Und wo dein Vater liegt, mein Schatz,
Da hat noch mancher Preuße Platz!
Schrei, mein Kindlein, schrei's:
Dort draußen liegt der Preuß!

Heine hatte die Augen während seines Vortrags geschlossen gehalten. Als er geendet hatte, meinte er: „Die Wendung in der letzten Strophe gefällt mir."

Seine Stimme klang wieder hellwach.

Über ihr Heimweh nach Deutschland hatten sie dann gesprochen. Er vermisse die deutsche Heimat schmerzlich, hatte Heine beim Abschied gesagt. Auch die Gemütlichkeit, den Napfkuchen, die vertraute Sprache. Pfau solle sie von ihm grüßen.

„Das wird schwerlich gehen", hatte er geantwortet. „Über dem Rhein erwarten mich 21 Jahre Zuchthaus wegen Hochverrats."

Damals hatte er Heines Sehnsucht nach Deutschland kaum nachvollziehen können. Inzwischen erfassten ihn von Zeit zu Zeit selbst Schübe von Heimweh.

Heine hatte Jahre vor der Revolution den Schritt gewagt und war aus seinem Exil losgefahren, Richtung Hamburg, um noch einmal seine Mutter zu sehen. Aber Heine hatte sein Exil selbst gewählt, ihn erwartete kein Kerker. Die ersten Verse des *Wintermärchens* kamen ihm in den Sinn.

Im traurigen Monat November war's,
Die Tage wurden trüber,
Der Wind riss von den Bäumen das Laub,
Da fuhr ich nach Deutschland hinüber.

Und wenn er es ebenso machte? Ohne Bart, die Haare gestutzt, mit falschem Pass? Der müsste doch in einer Stadt wie Paris aufzutreiben sein!

Am Abend sprach er mit seinem Freund Moritz Hartmann darüber.

„Du bist verrückt", lachte der. „Endlich hast du in Paris Fuß gefasst, bist inzwischen ein gefragter Kunstkritiker, Feuilletonschreiber, Buchautor. Willst du denn wirklich dein bisschen Selbständigkeit und Auskommen gefährden? Wenn du auffliegst und sie dich verhaften, sitzt du dein künftiges Leben hinter Gittern. In einem deutschen Gefängnis. Das wirst du nicht überstehen. Und selbst wenn sie dich nicht schnappen: Denk doch an die grauenhaften Verhältnisse drüben in Deutschland: Reaktion, Beamtenwillkür, polizeiliche Überwachung!"

„Sieht es in Paris inzwischen nicht ganz ähnlich aus, seit Louis Napoleon sich zum Kaiser gemacht hat? Wer etwas gegen ihn sagt, wird verhaftet. Wie viele französische Kollegen sind bereits ins Exil gegangen! Wir Réfugiés sitzen da, wie die ängstliche Maus vor der Schlange und halten schön still, damit wir weiter geduldet werden. Ich halt das langsam nicht mehr aus. Vielleicht sollte ich doch nach Amerika auswandern! Wenn nur mein Vater nicht gestorben wär!"

„Dafür lebst du in Paris, in der Welthauptstadt des Geistes, der Kunst, der Wissenschaft und der Philosophie", bemerkte Hartmann trocken, doch Pfau spürte, dass ihm nicht ganz wohl dabei war.

Hartmann hatte einflussreiche Freunde, lebte in einem schönen Haus, gab Empfänge und hatte ihm die eine oder andere Auftragsarbeit großzügig zugeschanzt. Gemeinsam hatten sie die *Bretonischen Volkslieder* ins Deutsche übersetzt und suchten bis jetzt vergeblich nach einem Verlag, der sie in sein Programm übernehmen wollte. An Karl Mayer hatte er kürzlich geschrieben: *Hartmann hat vornehme Bekanntschaften und frisst sich durch. – Ich bin nicht für die vornehmen Leute gemacht und die Lumperei frisst mich durch.*

Zornig hieb er mit der Faust auf den Tisch: „Welthauptstadt hin oder her. Die Zigtausend Häuser um mich herum gehen mir langsam auf die Nerven. Ich muss hier raus!"

„Mach keine Dummheiten", ermahnte ihn sein Freund. „Aber wenn's denn so sein soll, dann fahr eben für ein paar Wochen hinüber. Du wirst eher früher als später geheilt zurückkommen."

„Kannst du mir einen Pass besorgen?"

Hartmann grinste. „Als was willst du denn reisen? Als Franzos? Als Amerikaner? Als stolzer Spanier? Oder gar als Russe?"

*

Er hatte sich schließlich für England als vorgebliches Heimatland entschieden. Sein Englisch war zwar nicht perfekt, doch für deutsche Polizeibeamte müsste es reichen, hatte Hartmann gemeint. Französisch sprach er wesentlich besser, aber Franzosen waren jenseits des Rheins nicht gut angesehen. Dann lieber als Engländer. Die fuhren gerne als Touristen den Rhein hinunter nach Heidelberg, in den Schwarzwald, nach Rothenburg oder zu den bayrischen Bergen. Da würde er nicht so schnell Verdacht erregen.

Nachdenklich blickte er auf seine neuen Papiere. Mr. Peter also war sein neuer Name. Das war wenigstens gut zu merken. Mit der neuen Ostbahn konnte er bis Straßburg reisen, dann sollte es über die Grenze nach Baden gehen. Die Preußen waren zwar als Besatzungsmacht abgezogen, aber er wollte so schnell wie möglich hinüber nach Württemberg, auf direktem Weg über den Schwarzwald, nach Wildbad. Das lag nicht weit von der badischen Grenze entfernt.

Wie lange würde er von Straßburg bis Wildbad brauchen? Sollte er doch lieber ein paar Umwege nehmen? Oder ganz frech bei Straßburg über den Rhein nach Kehl reisen? So ganz durfte er dem gefälschten Pass nicht trauen.

Seinem Freund Julius Haußmann in Ludwigsburg kündigte er verklausuliert sein Vorhaben an. Er sprach in seinem Brief von einer Novelle, an der er gerade arbeite. Ein seltsamer Engländer reise durch Deutschland nach Wildbad, das ja seit neuestem bei englischen Touristen sehr beliebt sei. Stolz wie ein Pfau, den er auch in seinem Wappen führe. Superbus magnis, parvis modestus, stolz gegenüber den Großen, bescheiden gegenüber den Kleinen, sei sein Wahlspruch. Das sollte Julius verstanden haben. Ob er ihn in Wildbad treffen würde?

Haußmann war freiwillig aus der Schweiz zurückgekehrt, hatte sich den Gerichten gestellt und war zu zweieinhalb Jahren Festungshaft verurteilt worden. Seine Haftstrafe hatte er brav abgesessen. Seit drei Jahren befand er sich wieder auf freiem Fuß. Er gönnte ihm seine Freiheit von Herzen. Warum hatte es ihn so schwer getroffen? 21 Jahre! Ein halbes Leben!

*

Moritz Hartmann besorgte ihm einen Reiseanzug aus englischem Tweed, außerdem eine handliche Koffertasche, die er mit den notwendigsten Utensilien bestückte, und einen Regenschirm. Ohne den gehe kein Engländer aus dem Haus, meinte er mit süffisantem Lächeln.

Beim Packen musste er besonders aufpassen. Keine Manuskripte, keine Bücher, keine Briefe. Ein bisschen Wäsche, Kulturbeutel, etwas Proviant, das musste reichen.

Auch Hermann Kurz hatte er geschrieben. Nach Stuttgart. Vielleicht besuche ihn bald ihr gemeinsamer Freund Mr. Peter. Wenn er sich nicht an ihn erinnere, solle er sich bei Haußmann erkundigen.

Hartmann runzelte die Stirn. Ob er es wirklich wagen wollte, in die Landeshauptstadt zu reisen?

Pfau zuckte die Schultern. Mal sehen. Erst müsse er in Wildbad lernen, mit seiner neuen Identität umzugehen. Unter den vielen Gästen, die im Sommer das beliebte Kurbad besuchten, würde er kaum auffallen.

Seinen Bart sollte er sich rasieren lassen, eine modische Kurzhaarfrisur, eine Nickelbrille, hatte ihm Hartmann geraten.

Wie ein Dieb schleiche ich mich in die Heimat. Vielleicht würde er schon an der Grenze als Spion verhaftet?

Vielleicht hatten Agenten seine Reise nach Deutschland bereits angekündigt? Überwacht wurden die deutschen Flüchtlinge nicht nur in der Schweiz, auch in Paris. Da machte er sich keine Illusionen. Sollte er wirklich dieses Risiko eingehen? Doch seit er erfahren hatte, dass seine Mutter nach dem Tod des Vaters in Ohio nach Germering zu Verwandten gezogen war, trieb es ihn um.

*

Im Zug nach Straßburg versuchte er sich in seine neue Rolle hineinzufinden. Er hatte sich am Gard de l'Est in Paris eine Ausgabe der *Times* besorgt und studierte sie ausgiebig. Dabei hoffte er inständig, nicht von einem tatsächlichen Engländer angesprochen zu werden.

Bis Straßburg war die Sache klar. Aber dann? Den offiziellen Grenzübergang zu nehmen, wagte er nicht, obwohl das wohl am Unverfänglichsten gewesen wäre. Dagegen stieg er am Straßburger Bahnhof in den Zug Richtung Weißenburg. Die Strecke bis zu diesem Grenzstädtchen im Nordelsass war erst seit einem Jahr in Betrieb. Doch bereits in Schiltigheim stieg er wieder aus und nahm die Kutsche nach Wantzenau, einem kleinen Dörfchen am Rhein.

Bei einem Fischer fragte er, wer ihn rüber nach Baden bringen könnte. Der schaute verdutzt von seiner Arbeit auf.

„Vor ein paar Jahren habe ich öfters Leute aus Baden über den Rhein gebracht. Die mussten aus Deutschland fliehen. In die andere Richtung wollte bisher noch niemand. Warum reisen Sie nicht über Straßburg, wenn sie nach Deutschland wollen?"

Pfau antwortete ihm in fließendem Französisch, dass er in geheimer Mission unterwegs sei und dass er ihn gut bezahlen würde, wenn er ihn nach Einbruch der Dunkelheit übersetzen könnte.

Der Mann schien ihn verstanden zu haben. In holprigem Französisch antwortete er, dass er am frühen Morgen vor Sonnenaufgang zum Fischen rausfahre. Wenn er wolle, könne er hier gegen drei Uhr morgens auf ihn warten.

Pfau nickte und steckte ihm ein paar Münzen zu. Dann machte er sich auf den Weg zurück ins Dorf und nahm sich ein Zimmer im *Schwanen*, das er im Voraus bezahlte.

Er legte sich in Kleidern aufs Bett. Einschlafen durfte er nicht. Würde der Fischer Wort halten? Dachte er, er sei ein französischer Agent oder ein Verbrecher, der heimlich Frankreich verlassen müsste? Würde er die Gendarmerie alarmieren? Aber ganz ohne Risiko konnte er die Grenze nicht passieren.

Schon eine halbe Stunde vor der vereinbarten Zeit wartete er am Haus des Fischers, hatte es zuvor in weiten Bögen umkreist, aber keinen Hinweis auf einen Hinterhalt gefunden. Auch wo der Weg zum Fluss durch den Auenwald begann, hatte er bereits auskundschaftet.

Die Nacht war hell. Der Mond stand zwischen dicken Wolken hoch über dem Dorf und warf sein fahles Licht auf die Rheinebene, als der Mann kurz nach drei Uhr sein Haus verließ und sich nach ihm umschaute.

Pfau hatte sich hinter einen Baum verzogen, wartete ab, und als der Fischer achselzuckend losmarschierte, folgte er ihm in einiger Entfernung. Erst als sie schon ein gutes Stück vom Haus entfernt waren, holte er auf und sprach ihn an.

„Erzähl mir nichts, das ist für uns beide besser", sagte der Elsässer in bemühtem Französisch.

„Wir können gern Deutsch miteinander reden", brummte Pfau. „Wie heißt der Ort drüben auf der anderen Rheinseite?"

„Diersheim", sagte der Fischer in seinem elsässischen Dialekt. „Es wird nicht lang dauern."

Bald standen sie an einem Rheinarm, wo sein Kahn lag.

„Zuerst geht's ein Stück durch den Wald, bis wir den Hauptstrom erreicht haben", erklärte er, nahm Pfaus Reisetasche und verstaute sie im hinteren Teil des Bootes. Dann wies er ihm einen Sitzplatz an.

Dicke Wolken verdeckten nun vollständig den Mond, sodass Pfau kaum das Ufer erkennen konnte, an dem sie entlangfuhren. Doch der Fischer steuerte den Kahn mit sicheren Ruderschlägen. Als sie den breiten Strom erreicht hatten, lichtete sich die Dunkelheit und die Wolken rissen auf. Drüben gab schon ein schwacher grauer Streifen am Horizont zu erkennen, dass bald die Dämmerung einsetzen würde.

„Kannst Du die schwarze Linie dort drüben über der Ebene sehen?", fragte der Fischer und zeigte nach Osten. „Das ist der Schwarzwald."

Pfau nickte und brummte zustimmend. Der Fischer hatte Recht. Es war für sie beide am besten, ihre Unterhaltung auf das Nötigste zu beschränken.

In der Mitte des Rheins stemmte sich der Mann mit seinen Rudern gegen die Strömung. Das Boot trieb etwas in nördlicher Richtung ab, schwenkte endlich in die gewünschte Richtung ein und bald schon hatten sie das jenseitige Ufer erreicht.

Mit leichtem Knirschen rutschte der Kahn auf den Kies. Pfau sprang vom Bug ins nasse Gras, ließ sich seine

Tasche geben, warf sie am Trageriemen über die Schulter und reichte dem Fischer weitere Münzen, die dieser zufrieden einschob. Er legte seinen Finger an die Mütze, nickte und murmelte ein Dankeschön. Dann stieß Pfau das Boot in die Uferströmung zurück und bald war es nicht mehr zu sehen.

*

Der Fischer hatte ihn direkt an einem Weg abgesetzt, der durch den Rheinwald auf Diersheim zuführte. Pfau beeilte sich, in der frühen Morgendämmerung zügig die noch ausgestorbene Dorfstraße zu passieren. Zwei Stunden später stand er vor der Kirche in Rheinbischofsheim, einem kleinen Amtsstädtchen in der Rheinebene.

Er hatte Glück. Ein Fuhrmann nahm ihn mit nach Achern und setzte ihn am Bahnhof ab. Es war die Bahnlinie zwischen Offenburg und Karlsruhe. Er löste nur bis Bühl und setzte dann seine Reise zu Fuß fort. Ab und zu nahm ihn wieder ein Fuhrwerk bis zum nächsten Dorf mit.

Hier in Baden beschloss er, sich lieber noch nicht als englischen Touristen auszugeben, und genoss es, sich mit den Bauern in seiner Muttersprache zu unterhalten. Zwischen ihrem alemannischen Dialekt und seinem schwäbisch gefärbten Fränkisch waren die Unterschiede nicht allzu groß.

Bald ging's in den Schwarzwald hinein, zunächst hinauf, dann wieder hinunter ins Tal der Oos und hinüber nach Gernsbach, wo er einen kleinen Gasthof fand.

Am Abend bummelte er durch die Gassen. Hier schien die Zeit stehen geblieben zu sein. Fachwerkhäuser, Kopfsteinpflaster, Brunnen aus warmem Schwarzwälder Sandstein, die Brücke über den Fluss.

Vor acht Jahren war er zum letzten Mal hier gewesen, als sie an der Murg die Preußen hatten aufhalten wollen. Die Bundestruppen, korrigierte er sich. Selbst württembergische Soldaten waren unter den Invasoren. Trotz Bitterkeit und Wehmut fühlte er sich in dem idyllischen Städtchen schon fast wie zu Hause und kam sich doch wie ein Fremder vor.

Am frühen Morgen brach er auf. Der Weg führte ihn steil hinauf nach Kaltenbronn, wo er bald die Grenze nach Württemberg passierte. Auf Grenzwachen traf er dort oben nicht. Aber mulmig war ihm schon. Denn jetzt begann der gefährlichste Teil seiner Reise.

Am späten Nachmittag hatte er das Enztal erreicht und marschierte die letzten Kilometer talabwärts auf Wildbad zu.

Mr. Peter auf Reisen

Wildbad im Sommer 1857
Auf dem Kurplatz drängten sich die Menschen. Zahlreiche Häuser waren mit Tannengrün geschmückt, an der Brücke über die Enz sah er einen Torbogen errichtet, ebenfalls mit frischen Tannenzweigen dekoriert, darüber schön gemalte Wappenschilder: das württembergische Wappen, das von Wildbad und das von Russland. Das war ja ein prächtiger Empfang! Aber weshalb Russland? Reisten hier so viele Russen an, um die Kureinrichtungen zu nutzen?

Er schlenderte zum Hotel Bellevue hinüber und vertiefte sich in den Aushang der Speisekarte. Die war zweisprachig, deutsch und englisch. Ein mit Blumenranken verziertes Blatt – ebenfalls in englischer Sprache – lobte die Lage und die vorzügliche Hotellerie des Platzes. Der Text stammte aus einem britischen Reiseführer, wie unten vermerkt war.

Er wandte sich zu einem roten Sandsteingebäude um, mit schönen Arkaden. Das Eberhardsbad auf der anderen Seite des Platzes. Eberhard im Wildbad – hier also hatte vor Jahrhunderten diese rührselige Geschichte stattgefunden: Der arme Hirte, der treue Diener seines Herrn, der dem Grafen aus der Bredouille half, als er hier von einer Raubritterbande belagert wurde, die Lösegeld erpressen wollte. Die Balladen von Uhland und Kerner waren in jedem Lesebuch zu finden und gaben die Vorlage für das monumentale Denkmal im Stuttgarter Schlossgarten.

Lesekabinett verkündete vielversprechend ein kleiner Wegweiser. Pfau trat ein in die geräumige Vorhalle des Bade-Tempels und fand in einer Nische ein paar Tischchen mit Polsterstühlen, an der Wand ein Bücherregal und einen Zeitungsständer mit Journalen aus dem In- und Ausland. Er griff sich die Lesestange mit dem Ortsblättchen und begann darin zu schmökern. Bei der Überschrift *Kürzlich eingetroffene Kurgäste* blieb er hängen.

Das also war der Grund für das Spektakel! Gestern war die Mutter des russischen Zaren in Wildbad eingetroffen, samt ihrer Entourage. Sie war einst eine preußische Prinzessin gewesen, Charlotte, Schwester König Friedrichs III., und hatte nach St. Petersburg geheiratet.

Viele englische Namen fielen ihm in der Gästeliste auf. Die meisten Engländer waren im *Bellevue* abgestiegen. Im *Badhotel* und *Bären* dominierten dagegen deutsche Namen, einige von ihnen klangen ihm wohlvertraut. Die württembergische Ehrbarkeit pflegte also auch das Staatsbad im Schwarzwald aufzusuchen. Räte, Oberräte, Beamtenwitwen, jeweils mit dem Beruf ihrer verblichenen Ehegatten verzeichnet, Bankiers, Unternehmer…, alles was Rang und Namen hatte und sich hier sehen lassen wollte. Da! Julius Haußmann aus Ludwigsburg! Er logierte also im *Bären.*

Freudig, aber mit einem Anflug von Wehmut blickte er auf den Namen seines Freundes und Weggefährten.

Er hatte seine Strafe verbüßt und zählte wieder zu den geachteten Bürgern Württembergs. Ihm dagegen war dieser Weg wohl für immer verbaut. Er blieb der Heimatlose, der Unbehauste, der sich ins Land seiner Väter schlich und jeden Moment von der Polizei verhaftet werden konnte.

Er hängte die Zeitung zurück und verließ das Bad. Sollte er drüben im *Bären* nach Haußmann fragen? Sollte er sich dort ebenfalls nach einem Zimmer umsehen? Als er vor dem *Bären* stand und wieder den Aushang studierte, schüttelte er den Kopf. Das war für seinen Geldbeutel entschieden zu teuer. Seufzend machte er sich auf den Weg, der rauschenden Enz entlang, bis er in stillere Ecken kam.

Im Fenster einer Schreinerei fiel ihm ein Schild in die Augen: *Zimmer zu vermieten*. Er trat ein, gab sich mit einem lauten, englisch ausgesprochenen *Hallo* zu erkennen und fragte die Dame des Hauses, die alsbald die enge Stiege heruntertapste, nach dem Preis. Der war annehmbar und er folgte ihr nach oben in ein kleines, aber helles und sauberes Zimmerchen mit Ausblick auf den Sommerberg. Das gefiel ihm. Er sagte zu.

Als er sich von seiner Wanderung etwas erholt und seine Kleidung in Ordnung gebracht hatte, machte er sich auf den Weg, um die nähere Umgebung zu erkunden.

Die laue würzige Waldluft Wildbads tat ihm gut. Er fühlte sich auf Anhieb wohl in diesem Schwarzwaldtal und in dem kleinen überschaubaren Kurstädtchen, in dem vor dreißig Jahren Justinus Kerner als junger Mediziner gewirkt hatte. Badearzt in Wildbad war er gewesen und hatte gleich ein Büchlein über den Kurort geschrieben. Ob es im Lesekabinett auflag?

Vor dem *Bären* verharrte er unschlüssig. Solle er darauf

warten, dass ihm Haußmann über den Weg lief? Sollte er ihm an der Rezeption eine verschlüsselte Botschaft hinterlassen? Er wagte es nicht, über die Schwelle des noblen Gasthofs zu treten, tröstete sich damit, dass er ja eben erst eingetroffen sei und sich bestimmt bessere Gelegenheiten ergäben.

So spazierte er weiter auf die Kuranlagen zu, die sich Enz aufwärts dem Hotel *Bellevue* anschlossen. Gepflegte Promenaden zogen sich längs des lustig dahin sprudelnden Gebirgsbaches und hinauf über die steilen Uferhänge. Er folgte einem Weg zum *Schweizerhäuschen*, wie eine Holztafel mit kunstvoller Schrift verkündete. Dort wurde Kaffee ausgeschenkt. Er setzte sich an ein Tischchen, bestellte sich ein Kännchen und ein Stück Heidelbeerkuchen, da sah er ihn.

Julius, kein Zweifel! Er hatte sich wenig verändert. Etwas behäbiger war er geworden. Haußmann wirkte unbelastet, guter Dinge, fiel ihm auf, was er von sich gewiss nicht behaupten konnte. Er saß am Nachbartisch, in ein Gespräch mit einem Ehepaar vertieft. Die Frau trug ein Lorgnon an einem Goldkettchen um den Hals, das sie von Zeit und Zeit vor die Nase hielt, um Haußmann zu mustern, und stumm nickte, wenn ihr Gatte eine treffende Bemerkung gemacht zu haben schien. Haußmann hörte freundlich zu, rührte in seiner Kaffeetasse und schien sich im Übrigen nicht sonderlich zu amüsieren.

Wann gingen die endlich? Nichts sah danach aus. Seine Ungeduld wuchs. Er winkte der Bedienung, zahlte, sprach dabei auffällig laut, in der Hoffnung, dass sein Freund ihn vielleicht hören könnte. Nichts.

Sollte er einfach hinübergehen und sich unter irgendeinem Vorwand als Mister Peter vorstellen, um so die

Aufmerksamkeit seines Freundes zu wecken?

Da kam ihm ein Zufall zu Hilfe. Im Eifer des Gefechts stieß Haußmanns Gesprächspartner sein Weinglas um. Der Inhalt ergoss sich über die Tischdecke, traf aber auch das Kleid seiner Gattin.

Sie schrie auf, erhob sich und entfernte sich mit schnellen Schritten in Richtung *Schweizerhäuschen*. Ihr Mann folgte ihr nach einer kurzen zu Haußmann gemurmelten Entschuldigung. Pfau nutzte die Gelegenheit. Er trat zu seinem Freund und stellte sich auf Englisch mit Mr. Peter vor. Haußmann starrte ihn an und fragte unsicher: „Louis?"

Pfau deutete ein leichtes Kopfnicken an und gab ihm mit einer Geste zu verstehen, dass er das Gespräch hier nicht fortsetzen wollte. Haußmann begriff, winkte rasch der Bedienung, zahlte und folgte seinem Freund, der bereits ein paar Schritte vorangegangen war.

„Du hier? Seit wann?", fragte ihn Haußmann, als sie außer Hörweite waren.

„Erst seit ein paar Stunden."

„Ich hätte dich fast nicht erkannt, gut siehst du aus!"

„Mach dich nicht lustig über mich", knurrte Pfau.

Ohne Bart und mit dieser neumodischen Figur wirkst du irgendwie ... seriöser", lachte Haußmann. „Seit wann trägst du eine Brille?"

„Nur zur Tarnung. Fensterglas", brummte Pfau.

„Wohnst du im *Bellevue*, wie alle Engländer?"

„Was denkst du! Da wäre ich schnell entlarvt und außerdem mein mühsam erspartes Reisegeld bald aufgebraucht. So gut ist mein Englisch nicht. Ja, wenn ich als Franzose reisen würde, aber die sind ja hier nicht so gerne gesehen und sie wären wohl auch um einiges auffälliger unter den Kurgästen. Nein. Ich hab mich für den englischen Touristen entschieden und mir ein günstiges Privatzimmer genommen."

„Aber morgen Abend bist du mein Gast im *Bären!*", erklärte Haußmann bestimmt. „Wir sind eine fröhliche Runde, alles Schwaben. Der Schultheiß von Wildbad ist auch dabei."

Pfau blieb stehen und blickte ihn entsetzt an.

Doch Haußmann sagte: „Du kannst nicht als geheimnisvoller Engländer hier herumschleichen, wenn du nicht bald auffallen willst. Ich führ dich als meinen Geschäftsfreund aus London ein."

Er betrachtete Mr. Peter augenzwinkernd. „Hast du dir schon eine passende Biographie ausgedacht? Nein?"

Er nahm seinen Freund am Arm und zog ihn mit sich fort. „Das machen wir jetzt sofort miteinander aus. Dann weiß ich gleich über Mr. Peter Bescheid, wenn ich dich meinen Freunden vorstelle."

*

Sie spazierten die Enz abwärts zum Städtchen und begannen, Mr. Peter mit Leben zu erfüllen.

Mr. Peter sollte Botaniker sein, Professor in Cambridge, der sich für die Flora des Schwarzwalds interessierte. Da konnte er sein gärtnerisches Wissen einbringen und mit lateinischen Pflanzennamen auftrumpfen.

„Du musst sie nur mit leicht englischem Akzent aussprechen", meinte Haußmann belustigt. „Das wirkt überzeugender."

Pfau führte die Konversation auf Englisch fort, erklärte umständlich, wenn sein Freund etwas nicht verstand, manchmal auch mit deutschen Brocken – mit ausgeprägt englischem Akzent ausgesprochen.

Haußmann staunte, machte das Spiel aber begeistert

mit. Beide amüsierten sich königlich. Dann wollte er wissen, warum Pfau doch so passabel Englisch sprach.

Pfau winkte ab und zögerte etwas mit einer Erklärung. Schließlich antwortete er verdrießlich: „Während der ersten Zeit in Paris hatte ich eine Braut, die kam aus England. Sie sprach kein Wort Deutsch, nur ein wenig Französisch, was blieb mir da anderes übrig?"

„Davon hast du mir gar nichts geschrieben!", beschwerte sich Haußmann.

„Ging ja nicht. Du hast damals auf dem Hohenasperg deine Strafe abgebüßt. Als du wieder draußen warst, war die Affäre längst vorüber."

„Wollte sie wieder zurück nach England?"

Pfau schüttelte den Kopf. „Sie hat meine Gedichte an Minna und Lisi gefunden und mir eine Szene gemacht."

„Eifersucht?"

„Weiß ich nicht. Vermutlich. Minna war zu dieser Zeit schon gestorben, drüben in Kalifornien, wenige Wochen nachdem sie dort geheiratet hatte. Lisi hatte sich in Zürich verlobt. Das hatte ich ihr alles beteuert, doch sie ließ es nicht gelten. ‚Mir schreibst du keine Gedichte', hat sie geschluchzt. ‚Ich bin dir wohl nicht gut genug!' Dann ist sie auf und davon."

„Wärst du bei der Poesie geblieben!", frotzelte Haußmann. „Das kommt bei den Damen immer gut an."

Inzwischen hatten sie die Schreinerei erreicht, wo Pfau sein Zimmer gefunden hatte.

„Morgen Abend um Sechs im *Bären!*", verabschiedete sich Haußmann und hob mahnend den Zeigefinger.

*

Pfau schlief schlecht in dem viel zu weichen Bett. Er musste sich erst wieder an die deutsche Schlafkultur gewöhnen. In Paris hatte ihm eine runde Nackenrolle und eine Wolldecke gereicht, auch im Winter. Hier schwitzte man auch im Sommer unter einem dicken Federbett.

Gegen drei Uhr morgens stand er ächzend auf und öffnete das Fenster, sog die würzige Nachtluft ein und betrachtete den Sternenhimmel über dem Sommerberg. Seinen 36. Geburtstag würde er in wenigen Tagen feiern, na ja, begehen. Immer noch war er der wandernde Schreiberling, ohne ein wohnliches Nest, ohne Frau und Kind.

In Paris hatte er gehofft, Ruhe zu finden, aber heimisch war er in der Stadt an der Seine nicht geworden. In der französischen Sprache schon eher. Er schrieb seine Artikel inzwischen geläufig auf Französisch. Anfangs hatte er sie zunächst auf Deutsch verfasst und anschließend übersetzt. Jetzt dachte er schon Französisch, wenn er vor einem leeren Blatt Papier saß und seine Gedanken zu formen begann.

Auch die Pariser Lebensart sagte ihm zu, nicht zu vergessen die exquisite Küche. Und doch ertappte er sich fast täglich dabei, wie er davon träumte, der König in Württemberg würde eine Amnestie erlassen und er könnte endlich zurück – in die Heimat, aus der man ihn vor acht Jahren vertrieben hatte.

Wohin würde er dann gehen? Sein Elternhaus, die Gärtnerei, war verkauft. Seine Mutter lebte bei Verwandten in Bayern, seine Schwester in Heidelberg. Sein Vater war vor ein paar Jahren in Ohio gestorben. Sein Bruder hatte drüben in Cincinnati eine Gärtnerei aufgemacht.

Auswandern? In der Schweiz hatte er daran gedacht. Da hatte ihm das Geld dafür gefehlt. Jetzt wollte er nicht mehr. Bei seinem Bruder Theodor als armer Verwandter aufkreuzen und fragen, ob er für ihn eine Stelle als Gärtner hätte? Das zuletzt!

Minna war tot. Eine ihrer Schwestern hatte es seinem Bruder in Cincinnati mitgeteilt und Theodor hatte ihm den Brief nach Paris geschickt. Einfach so, ohne eine einzige persönliche Zeile. Er nahm ihm immer noch übel, dass er nicht mit ihnen ausgewandert war.

Seit der Weltausstellung vor zwei Jahren in Paris, von der er ausgiebig in französischen und deutschen Blättern berichtete, hatte er sein Auskommen gefunden – zumindest materiell. Er hatte sich als Kunstkritiker einen Namen gemacht und musste nicht mehr von Redaktion zu Redaktion betteln gehen. Dazu kam seine Arbeit als Übersetzer. Aber viel lieber würde er irgendwo in Deutschland tätig sein. An seinen Kollegen Berthold Auerbach hatte er geschrieben:

Ich habe eine Sehnsucht nach Deutschland, die mich beinahe auffrisst. Glaubst Du nicht, dass es möglich wäre, unerkannt und unverfolgt in irgendeiner Stadt Norddeutschlands zu leben? Gäb es gar kein Mittel?

Du, der Du so glücklich bist, in Deutschland zu leben, musst dies besser beurteilen können als wir, die wir nach und nach alle Maßstäbe für die dortigen Verhältnisse verlieren. Gibt es denn keinen Ort, wo man im Notfall wenigstens nur ausgewiesen statt ausgeliefert würde?

Das Traurigste bei der Geschichte ist, dass man bei diesem zigeunerhaften Leben ohne andern Tag, mit dem Gefühl einer ewigen Unsicherheit, zu keiner vernünftigen Tätigkeit kommt und, wenn man sich je einmal ein wenig Luft macht und etwas zutage fördert, so außer allem Zusammenhange mit dem Vaterlande ist, dass man nicht weiß, wohin mit.

An eine freie Stadt wie Hamburg oder Bremen hatte er gedacht. Auerbach konnte ihm keine Hoffnungen machen. Die beiden Stadtrepubliken lagen nahe an Preußen. Dessen Einfluss reichte auch in die Hansestädte.

Er lebte jetzt schon fünf Jahre in Paris und fühlte sich dort immer noch nicht richtig angekommen. Umgekehrt hatte er sich immer wieder gefragt, ob er tatsächlich das Leben in Paris mit dem in einem kleinkarierten deutschen Provinzstädtchen vertauschen wollte. Ob er da überhaupt noch leben könnte?

Er seufzte, stieg wieder in sein deutsches Bett, – das Fenster ließ er offen – und schlief durch, bis die Zimmerwirtin an die Tür klopfte und ihren *möblierten Herrn* mit einem deftigen Frühstück überraschte.

Das sei im Preis inbegriffen, erklärte sie ihm, als er ihr im Morgenmantel geöffnet hatte.

Gestärkt mit kräftigem deutschem Schwarzbrot, Schinken und Malzkaffee machte er sich auf den Weg in den nahen Wald. Eine Botanisiertrommel hätte er jetzt gebraucht, dachte er erheitert. Ob man ihm da den englischen Naturforscher abnehmen würde? Macht nix, sagte er sich, Hauptsache raus in die Natur. Er folgte einem breiten Forstweg, der auf den Höhenzug der westlichen Talseite führte.

Schnell fand er sich in seiner neuen Rolle zurecht. Das Aufspüren verschiedener Pflanzen begann ihm richtig Spaß zu machen. Roter Fingerhut, isländisch Moos, Heidelbeeren, Wacholder, Preiselbeeren, Sonnenhut, Moosbeere, Ranunkeln. Er band seine Ausbeute mit einem Stück Schnur zusammen und hängte sich das Bündel über die Schulter, als er gegen Mittag zum Rückmarsch aufbrach.

Einer alten Gewohnheit folgend, setzte er sich in seinem Zimmer an den Tisch und begann die Funde zu kategorisieren. Dann holte er ein Blatt Papier und notierte, was er da gefunden hatte. Schließlich begann er, ein paar schöne Blüten abzuzeichnen. Ganz ohne Zweck, doch die Arbeit machte ihm Freude. Wie oft war er während seines Volontariats in der großen Handelsgärtnerei von Corbeille als Achtzehnjähriger durch die Gewächshäuser gestreift, mit Zeichenblock und Bleistift, und hatte seltene Gartenblumen skizziert.

„Petit Blonde" hatten ihn seine Kollegen gerufen und gelacht, wenn er da saß mit gespitztem Bleistift und aufmerksam eine Blüte betrachtete. Aber dann war er doch lieber nach Paris gegangen und hatte das Leben studiert, was seinem Vater gar nicht behagt hatte. Zu Hause in Heilbronn hatte er seine Erfahrungen in einer Schrift zusammengefasst und drucken lassen: *Über Botantik. Nach Claudius.* Sein Vater war stolz auf ihn und war wieder versöhnt. Eine Weile hatte er überlegt, ein Studium der Naturkunde zu beginnen.

Seine Zimmerwirtin klopfte, brachte Kaffee und Gugelhupf. Als sie seine Zeichnungen sah, war sie begeistert. Er erklärte ihr in schauerlichem Deutsch mit vielen englischen Brocken, dass er Botanikprofessor sei, heute den ganzen Tag unterwegs gewesen wäre und fragte sie nach den deutschen Bezeichnungen, wobei er jedes Mal den lateinischen Namen nannte. Dabei dachte er sich, es könne nicht schaden, wenn bald die Nachbarschaft von ihr erfuhr, womit sich ihr gelehrter Gast aus England beschäftigte.

*

Kurz vor Sechs machte er sich auf den Weg zum *Bären*. Kaum hatte er die Gaststube betreten, winkte ihn Haußmann an einen runden Tisch in der Ecke, wo er bereits mit honorigen Männern beim Wein saß.

„Hallo, Mr. Peter", begrüßte er ihn mit einem Augenzwinkern und stellte ihn als Geschäftspartner seines Vaters vor, der bis zu seinem Tode vor einem Jahr in Ludwigsburg eine Apotheke betrieben hatte. „Mr. Peter ist Botaniker und befasst sich auch mit seltenen Heilpflanzen. Mit meinem Vater stand er in reger Korrespondenz", überraschte er seinen Freund.

Darüber hatten sie gestern nicht gesprochen. Heilpflanzen? Was sollte er dazu sagen?

„Ich habe heute schöne Exemplare von Digitalis gefunden, zu Deutsch, glaube ich Fingerhut, wegen der charakteristischen Form des Blütenkelchs", begann er zögernd. Dann hatte er endlich den Faden gefunden und begann zu dozieren über das starke Gift der Pflanze, das in rechter Dosierung ein bewährtes Herzmittel sei.

Schnell stand er im Mittelpunkt des Interesses. Wie lange er sich schon in Deutschland aufhielte? Warum gerade Wildbad? Ob er den Rhein heraufgefahren sei, mit dem Dampfschiff, wie die meisten Engländer? Oder mit der neuen Eisenbahn? Wie ihm Heidelberg gefallen hätte?

Er schwärmte von Heidelberg, dem roten Schloss in den grünen Wäldern des Odenwalds, der fast schon mediterranen Flora der Bergstraße.

Haußmann verkniff es sich nicht, auf die badische Revolution zu sprechen zu kommen, und lobte die englischen Verhältnisse. Die Liberalität, die Mitwirkungsmöglichkeiten des Bürgertums in der Politik.

Da trat am Tisch verlegene Stille ein. Über Politik wollte man nicht sprechen. Das konnte verfänglich werden. Man wusste, dass Haußmann wegen seiner demokratischen Überzeugungen eben erst im Staatsgefängnis auf dem Asperg gesessen hatte. Jetzt herrschte die Reaktion. Und überhaupt – was interessierten den Engländer die deutschen Verhältnisse?

Der Schultheiß räusperte sich und versuchte das Gespräch in eine andere Richtung zu lenken: Ob es denn stimme, dass im englischen Königshaus vornehmlich deutsch gesprochen werde?

Pfau runzelte die Stirn. Da fiel ihm die Anekdote ein, die er vor acht Jahren auf seiner Fahrt auf dem Neckar nach Heidelberg aufgeschnappt hatte.

„Viele behaupten steif und fest, Queen Victoria sei nicht im Kensington Palace, sondern auf dem Neckar vor Eberbach geboren", erklärte er geheimnisvoll.

Staunende Gesichter.

„Ihr Vater war Edward von Kent, aus dem Haus Hannover, jüngere Welfenlinie. Er lebte mit seiner Frau, einer Fürstin von Leiningen, in Eberbach. Als seine Frau kurz vor der Niederkunft stand, machte sich das Paar eilig auf den Weg nach England, damit das Kind in die Reihe der Thronanwärterinnen aufgenommen werden konnte. Doch die kleine Victoria wollte nicht so lange warten und kam auf dem Neckar vor Eberbach zur Welt. Das Schiff hatte man sicherheitshalber kurzerhand zu englischem Boden erklärt. Man konnte jedoch in England die vorzeitige Geburt verheimlichen, so dass Victoria offiziell in London das Licht der Welt erblickt haben soll."

„Ist das wahr?", zweifelte der Schultheiß von Wildbad, der mit am Tisch saß. „Das könnten wir vielleicht in unseren neuen englischen Prospekt aufnehmen."

„For heaven's sake", riet Mr. Peter ab. „Meine Landsleute hören das nicht so gern. Wissen Sie, was Prinz Edward seiner Schwiegermutter nach Coburg geschrieben hat?" er blickte grinsend in die Runde. „Die kleine Victoria sei fett wie ein Rebhuhn. Daran hat sich nicht viel geändert, aber auch das hören meine Landsleute nicht so gern."

Großes Gelächter. Die Unterhaltung war gerettet. Die Tischrunde ging die vielen ehelichen Verbindungen badischer und württembergischer Prinzessinnen mit dem europäischen Hochadel durch und schnell war man auch bei der Zarenmutter angekommen, die zum zweiten Mal im Sommer nach Wildbad kam, um dort zu kuren.

*

Pfau blühte als Mr. Peter in Wildbad regelrecht auf. Seine Scharade machte ihm zunehmend Spaß und er trat immer sicherer auf. Sogar ins Hotel *Bellevue*, dem Treffpunkt der Engländer, wagte er sich nach Zureden seines Freundes. Es war das erste Haus am Platz und sehr geschätzt, auch wegen seiner gediegenen Ausstattung.

Durch den Vorbau betraten sie das Vestibül. Pagen in Livree huschten über den mit weißen und roten Sandsteinplatten gefliesten Boden. Die Wände zeigten mit roten Backsteinen ausgemauertes Fachwerk. Ein Portier im Frack begrüßte sie, fragte nach ihren Wünschen und wies ihnen den Weg zum Restaurantbau.

Sie gingen durch einen Flur mit blauen Samttapeten an den Wänden, gefasst mit goldenen Bordüren, erlesenes Mobiliar, Spiegel mit Goldrahmen – Pfau fühlte sich beklommen in dieser aristokratischen Atmosphäre. Durch ein Vorzimmer betraten sie den Speisesaal.

„Müssen wir hier dinieren?", fragte Pfau seinen Freund missmutig.

„Möchtest du lieber auf die Terrasse?"

Pfau nickte stumm.

Ein Ober wies ihnen ein Tischchen im Freien zu.

Mit Blick auf den Hotelgarten, der zur öffentlichen Promenade mit Zierpflanzen in hölzernen Kübeln abgetrennt war, fühlte er sich bedeutend wohler.

Sie saßen gerade beim Dessert, als ein Kurgast auf sie zusteuerte.

„Ja, Louis! Du hier in Wildbad? Ohne Bart hätte ich dich kaum wiedererkannt!"

Haußmann reagierte rasch, stand auf und antwortete für ihn:

„Darf ich vorstellen, Mr. Peter, Botanikprofessor aus Cambridge, mein Name ist Julius Haußmann, Jurist aus Ludwigsburg. Mit wem haben wir das Vergnügen?"

„Eichmüller, Geschäftsmann aus Heilbronn", murmelte sein Gegenüber und starrte Pfau an, der gequält lächelte.

„Verzeihung. Es handelt sich wohl um eine Verwechslung. Ich hätte schwören können, dass ich hier einen alten Schulfreund getroffen hätte."

Bevor er sich umwandte und endlich abzog, warf er noch einmal einen eingehenden Blick auf Pfau, der sich wieder gesetzt hatte und eifrig seine Crème brulée löffelte.

Als er verschwunden war, konstatierte Haußmann lapidar. „Er hat dich erkannt."

„Zeit, dass ich abreise. Wenn der darüber mit seinen Bekannten redet, fliegt Mr. Peter auf. Ich bin eh schon zu lange hier."

„Wo willst du hin?"

„Meine Mutter wohnt in Germering. Die möchte ich auf jeden Fall besuchen. Dort kennt mich auch keiner."

„Nach Bayern also? Da musst du aber irgendwo Station machen."

Pfau hatte es plötzlich eilig und stand auf. „Kannst du Hermann Kurz telegrafieren? Hast du seine Adresse?

„Nein. Aber die find ich raus. Wollen wir uns nicht weiter bei einer Tasse Kaffee besprechen?"

Pfau schüttelte ungeduldig den Kopf. „Schreib ihm, der Eulenspiegel sei im Anmarsch. Das wird er verstehen. Ich geh nach Stuttgart."

„Mitten in die Höhle des Löwen?", lachte Haußmann ungläubig.

„Dort wird mich keiner vermuten und bei Hermann kann ich vielleicht ein paar Freunde aus alter Zeit treffen."

Er umarmte den Freund. „Nimm's mir nicht übel, aber der Boden hier wird mir zu heiß. Ich geh packen."

In der Höhle des Löwen

Stuttgart, 1857

Zwei Tage später klopfte er bei Hermann Kurz in der Paulinenstraße in Stuttgart an. Vor zehn Jahren hatte ihn Kurz in die Karlsruher Gesellschaft eingeführt, als sie in derselben Redaktionsstube saßen. Mit ihm zusammen hatte er Pläne geschmiedet für ein nie dagewesenes politisches Karikaturenblatt, den *Eulenspiegel*. Jetzt wohnte der Reutlinger Kurz mit seiner Familie in Stuttgart und war ein angesehener Literat.

Kurz empfing ihn freundlich, aber nicht überschwänglich und bat ihn herein. Seine Verwunderung über den Besuch wollte er nicht verhehlen, obwohl ihn Haußmann telegrafisch angekündigt hatte.

„Du lebst doch in Paris im Exil? Was treibt dich denn in die alte Heimat?"

„Ich muss mal wieder württembergische Luft schnuppern, deutsche Zeitungen lesen, mich auf gut schwäbisch unterhalten können." Ob er ein, zwei Tage bleiben könne? Er sei auf der Durchreise zu seiner Mutter in Bayern.

Kurz musterte ihn. „Fühl dich hier wie zu Hause, bleib so lange du willst. Ich freu mich über deinen Besuch.

Aber ziemlich riskant ist das schon."

Pfau nickte, erzählte ihm die Geschichte vom britischen Botanikprofessor Peter und seinem Auffliegen in Wildbad.

„Vielleicht vermuten sie mich in Heilbronn, vielleicht in Weinsberg beim alten Justinus. Hier in Stuttgart eher nicht."

Kurz zog eine Augenbraue hoch. „Ich rate dir trotzdem, möglichst nicht aus dem Haus zu gehen. Du hast hier gewohnt, den *Eulenspiegel* herausgegeben. Man wird dich erkennen."

Aus den ein, zwei Tagen wurde eine Woche, was wohl auch an der Ehefrau von Hermann Kurz lag. Die organisierte Treffen mit alten Freunden, von denen sie sicher waren, dass sie dichthielten.

Isolde Kurz, Tochter des Hauses und später ebenfalls erfolgreiche Schriftstellerin, berichtete viele Jahre später über den Besuch Pfaus in ihrem Elternhaus:

Während unserer Stuttgarter Zeit lebte Pfau als Flüchtling in Paris, doch kam er vor der Amnestie einmal heimlich ins Vaterland und hielt sich acht Tage lang in meinem Elternhaus versteckt.

Er war ein untersetzter, etwas beleibter Mann mit rotem Haar und stark vortretenden blauen Augen, nach Erscheinung und Aussprache ein Stockschwabe, dem man äußerlich den langen Aufenthalt in Frankreich, dessen Kultur er gründlich studiert hatte, nicht ansah.

Bekannt war seine Unergiebgkeit im Gespräch, das er meist bloß mit einem dumpfen Knurren begleitete oder ab und zu durch ein Kraftwort vom schwersten Kaliber bereicherte, um gleich wieder in tiefes Schweigen zu versinken.

Was er an angesammelten Gedanken in sich trug, brachte er nur mit seiner geistreichen Feder zutage. Überhaupt war sein Wesen voll von Widersprüchen. Von höchst revolutionärer Gesinnung, hielt er doch die größten Stücke auf seine persönliche Ruhe. Ein großer Freund materieller Genüsse, opferte er alles dem Ideal. Von äußerst sesshafter Natur, schweifte er ewig ruhelos durch die Welt.

Sehr gut verstand er sich mit meiner Mutter, die ihn von Zürich her kannte und die ohnehin für alles, was zur demokratischen Partei gehörte, Feuer und Flamme war.

Mit jener Unbeweglichkeit, die alle seine Freunde an ihm kannten, saß er als Peter in der Fremde Nachmittage lang in der Sofaecke, langsam seinen Kaffee schlürfend, während mein Vater auf der Studierstube war, oder er ging mit meiner Mutter eifrig politisierend im Zimmer auf und ab.

Eines Abends klingelte es an der Tür. Pfau fuhr zusammen.

„Erwartest du so spät noch Gäste?", fragte er misstrauisch. „Soll ich mich nicht lieber in mein Zimmer zurückziehen?"

„Du bleibst hier sitzen", grinste Kurz. „Meine Frau hat eine besondere Überraschung eingefädelt."

Da kam bereits sein Töchterchen Isolde zu Tür herein, gefolgt von Theobald Kerner.

Die beiden gingen aufeinander zu. Theobald umarmte seinen Freund.

„Wie lange haben wir uns nicht mehr gesehen?", fragte er.

„Das sind jetzt acht lange Jahre", brummte Pfau. „Du lebst jetzt in Cannstatt?"

„Da komm ich gerade her. Leider konnte ich mich erst jetzt aus der Klinik losreißen."

„Hofrat Kerner behandelt illustre Patienten", spöttelte Kurz, „und geht bei der Königsfamilie ein und aus."

„Jetzt übertreib mal nicht", wehrte Theobald ab.

„Hat dich nicht der König, der dich vor sieben Jahren auf den Hohenasperg gebracht hat, erst kürzlich mit einem besonderen Titel geehrt? Als Dank für die wundersame Heilung, die er bei dir erfahren durfte?"

„Was hätte ich denn machen sollen?", wehrte sich Theobald. „Ablehnen konnte ich nicht, ich musste doch an meine Familie denken und an die Klinik, die ich gerade erst aufgemacht hatte. Aber im Herzen bin ich immer ein Roter geblieben."

Pfau unterdrückte eine bissige Bemerkung. Immerhin war der Freund aus Weinsberg für seine Überzeugung ins Gefängnis gegangen. Auch wollte er seinem Gastgeber nicht den Abend versauen. So erkundigte er sich höflich nach Theobalds Frau und seinen Kindern.

Hofrat Kerner überraschte ihn, als er nach einer knappen Antwort von Wildbad zu erzählen begann und dem Auftreten eines geheimnisvollen Kurgastes aus England. Dann begrüßte er ihn nochmal mit einer Verbeugung: „Mr. Peter, wenn ich mich nicht irre?"

Pfau war sprachlos. Hatte sich die Geschichte so schnell herumgesprochen? Dann war er auch hier in Stuttgart nicht mehr sicher.

Theobald versuchte ihn zu beruhigen. Haußmann hat mir geschrieben. Das wird dich vermutlich ebenfalls interessieren.

Er zog einen Brief aus der Jackentasche und las vor:

Bald nach seiner Abreise erzählte der Schultheiß, die Stuttgarter Polizei habe geschrieben, Pfau müsse im Wildbad sein. „Pfau hier! Ich müsste ein Esel sein, wenn mir der entginge." Da klopfte ich ihm auf die Schulter und sagte: „Freund, du hast vor einer Woche jeden Abend mit ihm gekneipt."

Kurz lachte schallend. Pfau blieb still. Die Stuttgarter Polizei war ihm also schon auf den Fersen und er saß hier, mitten in der Landeshauptstadt. So viel stand fest. Er konnte dieses Versteckspiel nicht mehr weiterführen. Schon aus Rücksicht auf seinen Gastgeber nicht.

Am nächsten Morgen packte er seine Sachen, schlich sich zum Bahnhof und löste eine Fahrkarte nach Ulm. Mit bangen Gefühlen versteckte er sich im Waggon hinter einer englischen Zeitung, die ihm Kurz besorgt hatte. In jedem Bahnhof wartete er ungeduldig darauf, dass der Zug wieder anruckte. Dann kam die Grenze in Ulm. Der Beamte warf nur einen flüchtigen Blick auf seinen Pass. Erst als er in Neu Ulm auf bayrischem Boden stand, atmete er erleichtert auf.

Germering

Germering, Zürich, September 1857
Er fand ein preisgünstiges Zimmer im *Löwen*. Die Wirtin sah ihn neugierig an, als er seinen englischen Pass vorlegte. Woher er denn so gut Deutsch könne?

Er sei häufig auf Reisen in Deutschland, antwortete er mit bemüht englischem Akzent und erzählte, dass er seltene Pflanzen sammle. Jetzt sei er nach Bayern gekommen, um die Flora der Sumpfwiesen zu studieren. Die sei hier einzigartig in ganz Europa.

„Ja freilich, schöne Blümerl haben wir hier schon", strahlte sie ihn an, „und ein gutes Bier!"

Er freue sich schon drauf, es zu probieren, antwortete er verschmitzt. Dann erkundigte er sich nach der Adresse seiner Mutter.

Die Wirtin kniff die Augen zusammen und wiederholte ihren Namen. Franziska Pfau? Misstrauisch fragte sie, was er denn dort wolle.

„Ihr verstorbener Mann, Philipp Pfau, war ein bekannter Kunstgärtner und Rosenzüchter in Heilbronn. Ich kenne ihn von früheren Reisen."

Da hellte sich ihre Miene auf. Fast erleichtert bestätigte sie. „Ja freilich, das hat sie mir mal erzählt. Sie wohnt jetzt bei Verwandten hier in der Stadt."

Dann beschrieb sie ihm umständlich den Weg zu ihrer Wohnung.

Von Wildbad aus hatte er gewagt ihr zu schreiben. Eigentlich hatte ihr Haußmann mit seinem Absender geschrieben und Pfau hatte einen kleinen Brief beigelegt. Das erschien ihm sicherer.

Er hatte ihr mitgeteilt, dass er auf dem Weg zu ihr sei, dass es aber noch eine Weile dauern könne und dass sie ihm lieber keinen Antwortbrief schreiben solle.

Jetzt stand er vor dem schmalen Häuschen, das ihm die Wirtin bezeichnet hatte. Als Mr. Peter konnte er sich hier nicht vorstellen. Seine Tante, der das Anwesen gehörte, hatte er noch nie in seinem Leben gesehen, aber es war wohl anzunehmen, dass sie in die Hintergründe bereits eingeweiht war. Während er so dastand und nachdenklich die Fenster betrachtete, öffnete sich die Haustür und ein junges Mädchen stand vor ihm.

„Marie?", fragte er unsicher. Seine Schwester hatte er zuletzt vor acht Jahren gesehen, da war sie noch ein Kind.

„Louis?", flüsterte sie und riss die Augen auf, dann drehte sie sich um und rannte zurück ins Haus.

Seine Schwester Marie war auch hier in Germering? Er freute sich unbändig darüber, doch wurde ihm wieder bewusst, wie riskant sein Besuch war. Zwar war er hier im Ausland, aber es bestand kein Zweifel: Wenn die bayerische Polizei seine Identität aufdeckte, würde er umgehend nach Württemberg ausgeliefert werden.

Da stand schon seine Mutter in der Tür und sah ihn fassungslos an. Er beschloss, ihr die besondere Situation gleich von Anfang an deutlich zu machen.

„Entschuldigen Sie die Störung. Ich bin Mr. Peter aus Cambridge, ein Bekannter ihres verstorbenen Herrn Gemahls. Habe ich die Ehre mit Mrs. Pfau?"

Sie starrte ihn an, als hätte er den Verstand verloren. Dann begriff sie endlich.

„Ja, mein Herr, wie schön, dass Sie mich besuchen kommen", stotterte sie, „treten Sie doch ein."

Kaum hatte sie die Haustür geschlossen, umarmte er sie.

*

Er genoss die Tage in Germering, machte weite Ausflüge mit seiner Schwester in die Umgebung. Manchmal begleitete ihn die Mutter, manchmal die Tante, denn dass ein englischer Gast allein mit einem jungen Mädchen unterwegs wäre, schickte sich nicht.

Er musste von Zürich berichten, von Paris. Dass er Heine persönlich gesprochen hatte, faszinierte seine Schwester am meisten. Seine Mutter erkundigte sich nach seiner Arbeit, wie er sich denn durchbringe, drüben in Frankreich.

Sie erzählte von Vater, seiner Auswanderung nach Ohio, seinem frühen Tod. Theodor habe in Cincinnati eine große Gärtnerei aufgemacht und geschrieben, sie solle doch mit Marie nachkommen. Aber einen alten Baum verpflanze man nicht. Marie hätte in Heidelberg eine Stelle als Hausmädchen gefunden und dächte nicht ans Auswandern. Als sie hörte, dass ihr Bruder zu Besuch käme, habe sie um Urlaub gebeten. Ihr Hausherr, Professor an der Universität, kannte Ludwig Pfau – vom Namen her. Er schätze seine Gedichte und Zeitungsartikel und sei wie Pfau ein überzeugter Demokrat. Gerne gäbe er ihr frei, ließe herzliche Grüße an ihn ausrichten und lade ihren Bruder zu sich ein, wenn die Verhältnisse es einmal erlaubten.

Noch einer, der von seiner geheimen Mission wusste! Doch dann versuchte er sich damit zu trösten, dass er vielleicht doch nicht so wichtig war, um außerhalb Württembergs mit polizeilicher Verfolgung rechnen zu müssen.

Da traf ein Brief von Hermann Kurz aus Stuttgart ein, dem er die Adresse seiner Mutter in Germering gegeben hatte. Sicherheitshalber hatte ihn Kurz an seine Mutter geschrieben, aber dass er in Württemberg von der Polizei heimlich geöffnet worden war, konnte er nicht ausschließen, besonders nachdem er die brisanten Nachrichten gelesen hatte. In Hermanns Brief lag ein Ausschnitt aus dem Staatsanzeiger für das Königreich Württemberg.

Erlass des württembergischen Innenministeriums an die Stadtdirektion Stuttgart:

„Sicherem Vernehmen nach soll sich der bekannte Literat Pfau im Laufe dieses Sommers 6 Wochen lang in Württemberg aufgehalten haben, und zwar drei Wochen lang in Wildbad und dann 14 Tage in Stuttgart selbst. Da hierüber von Seiten der hiesigen Polizeibehörde keinerlei Mitteilung gemacht worden ist, vielmehr dieser Aufenthalt derselben ganz und gar entgangen zu sein scheint, so erhält diese den Auftrag, zunächst das Stadtpolizeiamt zur Äußerung aufzufordern, wie es bei gehöriger Handhabung der Fremdenpolizei habe kommen können, dass eine so bekannte Persönlichkeit sich 14 Tage lang, unentdeckt von der Polizei, hier herumgetrieben habe."

Sie waren hinter ihm her und würden weiter nach ihm suchen. Daran bestand kein Zweifel.

Anderntags wurde seine Mutter beim Bäcker gefragt,

wie lange ihr Hausfreund aus England denn noch bleiben würde? Ob sie sicher wüsste, dass er ein Engländer sei? Er spreche ja so gut Deutsch. Ob er Absichten gegenüber ihrer Tochter habe? Sie solle bloß aufpassen, dass sie auf keinen Heiratsschwindler hereinfiele.

Er musste weg.

Der Abschied fiel ihm nicht leicht. Er ahnte, dass es ein Lebewohl für immer war. Marie war tief traurig über seine plötzliche Entscheidung. Pfau schlug ihr vor, ihn bis München zu begleiten. Von dort käme sie außerdem schneller wieder mit dem Zug nach Heidelberg zurück.

Doch das lehnte Marie entschieden ab. Sie könne ihre Mutter jetzt nicht allein lassen.

„Nur für ein paar Tage", sagte er zu den beiden. „In München werde ich als reisender Engländer gar nicht auffallen und ich möchte doch mit Marie die Galerien besuchen."

„Bevor ich nach Heidelberg zurückfahre, komme ich noch einmal hierher", versichert Marie, die sich auf weitere Tage mit ihrem Bruder freute. „Louis hat mich auch nach Paris eingeladen. Er will mir dort eine Stelle vermitteln."

„Sie ist jung, soll etwas von der Welt sehen – und Französisch lernen. Damit hätte sie viel mehr Möglichkeiten!", erklärte Pfau.

Seine Mutter blickte Marie stirnrunzelnd an. „Ich dachte, du fühlst dich wohl in Heidelberg?" Dann wandte sie sich vorwurfsvoll an ihren Sohn: „Du hast ihr Flausen in den Kopf gesetzt", beschwerte sie sich. „Theodor in Amerika, du in Paris – und jetzt soll Marie auch noch fort!"

„In ein paar Tagen bin ich doch wieder hier!", lachte Marie und umarmte sie. „Du bist ungerecht! Wegen

Louis habe ich dich besuchen können, denn wenn er nicht gekommen wäre, hätte ich in Heidelberg gar nicht freibekommen. Louis ist nämlich ein berühmter Mann, hat mein Professor gesagt!"

*

Es sollte anders kommen. Pfau erbat noch am Nachmittag bei der Polizei in Germering seinen Reisepass zurück. Doch der Beamte wollte ihn unter einem fadenscheinigen Vorwand nicht aushändigen. Er solle morgen früh um elf Uhr wiederkommen. Da läuteten bei ihm die Alarmglocken. Adieu Mr. Peter!

Ohne Pass und ohne Marie machte er sich auf den Weg nach München. Er ging gar nicht in die Stadt hinein, an einen Besuch einer Kunstgalerie war nicht zu denken.

Im Bahnhof erkundigte er sich nach dem nächsten Zug nach Lindau am Bodensee. Auch dort hatte er keine Muse, sich umzusehen, machte, dass er von der Insel kam und spazierte in die beginnende Dämmerung hinein in Richtung des Grenzdörfchens Zech.

In der Nacht überquerte er bei Lochau die grüne Grenze nach Österreich und wanderte am See entlang an Bregenz und Hardt vorbei bis Fußach. Bald hatte er den Rheinarm erreicht, die Grenze zur Schweiz, setzte sich ans Ufer und schaute sehnsüchtig hinüber.

Nur wenige Meter trennten ihn von der Freiheit. Sollte er hinüberschwimmen? Er tauchte seine Hand ein. Eiskalt! Wie tief das Wasser hier war, konnte er nicht abschätzen. Da entdeckte er im Gebüsch einen Kahn, der am Ufer vertäut war und dessen Heck im Wasser lag. Kurz entschlossen löste er das Tau, schob ihn in den Fluss, stieg ein und ruderte los. Etwa in der Mitte schlugen seine Ruder auf Grund. Jetzt bloß nicht hängen bleiben! Vorsichtig steuerte er zurück und im letzten Moment konnte er einer Kiesbank ausweichen. Das Wasser wurde wieder ruhiger. Mit zusammengekniffenen Augen spähte er im Zwielicht des frühen Morgens zum österreichischen Ufer hinüber. Der dortigen Gendarmerie durfte er nicht in die Hände fallen. Sie würde ihn ebenso gnadenlos ausliefern wie die bayrische.

Doch niemand schien ihn zu bemerken. Drüben sprang er mit einem Satz an Land, zog den Kahn ein Stück ins Ufergras und schlang das Seil um einen großen Stein. Ein bisschen hatte ihn die Strömung und sein Manöver abgetrieben. Große Gedanken machte er sich darüber nicht. Der Besitzer würde sein Boot schon von drüben ausmachen.

Kaum stand er auf freiem Schweizer Boden, atmete er tief durch, trennte seinen französischen Pass aus dem Innenfutter seiner Jacke und machte sich auf den Weg in die einsetzende Morgendämmerung.

Entlang der Kantonalstraße wanderte er nach St. Gallen. Vor einem Jahr hatte die Bahnlinie die Stadt im Nordosten der Schweiz erreicht. Am Bahnhof studierte Pfau den Fahrplan und schon am Abend traf er in Zürich ein.

Dort wollte er sich noch einige Tage aufhalten, Freunde besuchen und Kontakte zu Verlegern seiner Bücher auffrischen, bevor er die Rückreise nach Frankreich antrat.

Als er am nächsten Morgen am Limmatquai spazieren ging, dachte er mit gemischten Gefühlen an die Züricher Jahre zurück. Was wohl aus Lisi geworden war? Plötzlich stand er vor seiner alten Wohnung in der Steingasse.

Jahre später schrieb er darüber: *Wie oft bin ich da hinaufgegangen mit erwartungsvollem Herzklopfen und fast hätte ich Lust, es wieder zu probieren. Aber wozu? Sie wird mir nicht mehr begegnen auf den Stufen, die holde Lisi mit den blau glänzenden Augen und den goldblonden Locken. Und die Rosen und Geranien auf dem Blumenbrett vor ihrem Fenster, die so fröhlich in der Sonne glänzten – wie lange sind sie verwelkt.*

Ich erkundigte mich nach meiner alten Freundin und sandte ihr eine diskrete Botschaft, denn sie hatte sich inzwischen verheiratet. Sie schickte mir freundliche Grüße mit dem Bedauern, der Familienverhältnisse wegen mich nicht empfangen und sprechen zu können, wie sie so gern gewollt hätte.

Zurück in Paris

Paris, 1857 bis 1863

„Da hast Du großes Glück gehabt!" meinte Moritz Hartmann, als Pfau mit seinem Reisebericht fertig war. Dann rieb er sich die Hände und grinste: „Die württembergische Polizei hast du jedenfalls schön an der Nase herumgeführt!"

„Ich musste aufpassen wie ein Luchs, aber im entscheidenden Moment war ich eine Spur schneller. Jetzt bin ich so ziemlich blank. Hast du was für mich?"

Hartmann überlegte, dann sagte er zögernd: „Proudhon sucht einen Übersetzer für sein neues Werk. Das wäre doch was für dich. Obwohl – seine Ansichten sind schon ein bisschen speziell."

„Er ist ein Kommunist reinsten Wassers", brummte Pfau.

„Ein Anarchist noch dazu", sagte Hartmann mit gerunzelter Stirn.

„Ob das in Deutschland gedruckt oder verkauft werden kann?", zweifelte Pfau.

„Er hat schon einen Verlag in Zürich. Ich habe dich mal ins Gespräch gebracht. Hättest du denn Interesse?"

„Nachdem Cotta in Stuttgart meine Neuauflage der Gedichte abgelehnt hat, bleibt mir wohl nichts anderes übrig."

„Die Proudhon-Übersetzung wird sich lohnen. In Frankreich verkauft er sich gut. Was haben die bei Cotta eigentlich gegen deine Gedichte?"

„Derzeit nicht zu verkaufen, haben sie geantwortet. Sie befürchteten Zensur und Verbot. In Wirklichkeit haben sie Angst um ihren guten Ruf, wenn sie einen Revoluzzer wie mich verlegen. Meine Aufsätze für das *Morgenblatt* haben sie aber angenommen. Dort falle ich wohl nicht so auf. Vielleicht setzen sie auch nur mein Kürzel drunter. Nur bringt das nicht viel."

„Proudhon wird dich im Voraus honorieren", lockte Hartmann.

„Ich weiß nicht recht", wand sich Pfau. „Das wird mich in Deutschland noch mehr in Verruf bringen."

„Und wenn? Viel hast du nicht mehr zu verlieren. Oder willst du nicht, weil du seine Ansichten nicht teilst? Zum Sozialisten bist du noch nicht geworden?"

„Ich bin Demokrat", betonte Pfau. „Weder der Kapitalismus noch die Herrschaft des Arbeiterstands bringen uns weiter. Alle Ständeunterschiede müssen fallen. Wir kämpfen für ein gleichberechtigtes Bürgertum – Großbürger wie Kleinbürger –, auf der Basis sozialer Solidarität."

„Da bist du nicht mehr weit von Proudhon entfernt", hielt ihm Hartmann vor. „Für Solidarität in der Gesellschaft ist er auch."

*

Sollte er zusagen und wieder als Übersetzer arbeiten, dachte er sich auf dem Heimweg. Die *100 Fabeln von Lachambeaudie* hatte er bei Katz in Dessau unterbringen können. An Claude Tilliers *Mon oncle Benjamin* arbeitete er schon seit ein paar Jahren. Das Büchlein hatte ihn so fasziniert, dass er Hartmanns Angebot, es zu übersetzen, spontan angenommen hatte.

Doch viel lieber hätte er Zeitgedichte auf die Zustände in Deutschland verfasst. Aber dafür gab es wohl keine Abnehmer. Wer würde es wagen, sie zu drucken? Die Verleger in der Schweiz, bei denen er auf seiner Rückreise angeklopft hatte, hatten ihn abblitzen lassen.

Der *Eulenspiegel* hatte unter seinem neuen Herausgeber noch ein paar Jahre vor sich hinvegetiert. Als zahnloser Tiger. Dann war er eingegangen. Da war auch nichts mehr zu holen.

Je mehr er sich Gedanken über den neuen möglichen Auftrag machte, desto interessanter erschien er ihm. Proudhon reizte ihn. Das war ein Kerl. Einer der klar aussprach, was wahre Humanität bedeutet, der keinerlei Rücksichten nahm und sich konsequent für die Freiheit des unterdrückten Volkes einsetzt, wenngleich er doch etwas einseitig die Interessen der Arbeiterschaft vertrat. Die deutsche Übersetzung würde nicht viel einbringen. Aber in der Schweiz gab es vielleicht einen Markt dafür. Der war jedoch überschaubar. In Deutschland fiele Proudhon schnell der Zensur zum Opfer. Ich mach's trotzdem!, sagte er sich und beschloss, seine philosophischen Studien, an denen er gerade arbeitete, aufzuschieben.

Kaum erschienen, wurde seine Proudhon-Übersetzung unter dem Titel „Die Gerechtigkeit in der Revolution und in der Kirche" in Württemberg „wegen ihres gesetzwidrigen Inhalts" verboten und die Vernichtung der vorhandenen Exemplare angeordnet. Proudhon hatte jedoch Wort gehalten und ihn im Voraus honoriert.

*

Pfaus Ruf als Kunstkritiker und Feuilletonist sicherte ihm sein Auskommen. Für eine belgische Zeitschrift schrieb er Beiträge über die zeitgenössische belgische Kunst, seine Artikel über die *Kunst im Gewerbe* waren nach wie vor gefragt. Mit der zunehmenden industriellen Produktion von Gebrauchsartikeln war diese Sparte sehr aktuell geworden. Fragen des Designs in diesem Bereich unterschieden sich deutlich vom bisher dominierenden Kunsthandwerk.

Doch wirklich zufrieden war er in dieser Nische, in die er sich gedrängt sah, nicht. Karl Mayer schrieb er:

Du kannst Dir denken, dass mich, so wie Dich, das allgemein Menschliche, sei es nun in sozialer, politischer oder philosophischer Form, weit mehr interessiert als alle Kunstgewerbe der Welt.

Ich will ein Bändchen Zeitgedichte loslassen; es ist Zeit, dass wir Löwen wieder brüllen, denn es scheint, die Schafe haben das Scheren wieder einmal satt.

Sehr genau verfolgte Pfau die Entwicklung in Deutschland. Der hundertste Geburtstag Schillers wurde in Württemberg wie in allen anderen deutschen Ländern begeistert gefeiert, Denkmäler eingeweiht, feierliche Reden gehalten und ausgiebig wurde aus Schillers Schriften zitiert. „Geben Sie Gedankenfreiheit" aus Don Karlos oder „Und frei erklär ich alle meine Knechte" aus dem Wilhelm Tell. Schiller wurde zur Symbolfigur des bürgerlichen Freiheitsdrangs.

Endlich wagte es das Bürgertum wieder, zehn Jahre nach der Niederwerfung der Revolution, seine Forderungen zum Ausdruck zu bringen, wenn auch nicht direkt, sondern unter dem Vorwand, den Nationalhelden zu ehren. Auch in Paris veranstalteten die Exilanten eine Schillerfeier. Pfau schrieb das „Schillerlied zu des Dichters Jubelfeier", das Giacomo Meyerbeer als „Festgesang" vertonte.

Wie die anderen Demokraten begann Pfau nun doch auf eine Wende zu hoffen. An Karl Mayer schrieb er:

Überhaupt wird's wieder etwas anderes in der Welt. Ich wittre Morgenluft. Die Welt wird ungeduldig und alles Volk unwirsch. Ich reibe mir vergnüglich meine Revolutionshände.

Es wäre freilich Zeit, dass wieder einmal ein frischer Hauch in die verstunkenen deutschen Zustände käme, und ich denke, wir wären die Kerls, um blasen zu helfen. Es rührt sich und regt sich überall, die Masse ist in Gärung begriffen.

*

Die Hoffnung trog nicht. 1862 verkündete König Wilhelm von Württemberg eine Generalamnestie für die verurteilten Freiheitskämpfer. Doch seltsam: Pfau zögerte, zurückzukehren. Reisen führten ihn stattdessen nach Antwerpen und Brüssel, wo er sich intensiv mit der belgischen Malerei befasste, dann nach London, wo er als Korrespondent verschiedener Zeitungen über die Weltausstellung berichtete.

Zur gleichen Zeit erschien in Paris und Brüssel sein Sammelband *Etudes sur l'art. Par Louis Pfau* – auf Französisch und für ein französisches Publikum.

Vor der Amnestie litt er unter der Sehnsucht nach der alten Heimat. Jetzt, da er als freier Mann nach Süddeutschland zurückkehren konnte, war sie wie weggeblasen. Trotz Louis Napoleon war er froh, wieder in Paris zu sein. Karl Mayer gegenüber deutete er in einem Brief an, dass er begonnen hatte, sich allmählich mit dem Leben fern der Heimat abzufinden:

Nach und nach habe ich mir doch ein Nest zusammengetragen, das zwar noch nicht mit Flaumfedern ausgepolstert ist, das aber doch anfängt, Schutz gegen Wind und Regen zu gewähren, und es wird mir etwas hart, das alles zu verlassen.

Pfau scheint mit einem derart raschen Wandel der Verhältnisse in Württemberg nicht wirklich gerechnet zu haben. Sollte er seine in Paris mühsam aufgebaute Existenz als Fachjournalist und Übersetzer aufgeben, nach Württemberg zurückkehren und dort bei Null anfangen? Er war jetzt Anfang vierzig. Von seinem Ausflug nach Wildbad, Stuttgart und ins bayerische Germering abgesehen, hatte er dreizehn Jahre fern der Heimat im Exil gelebt. Andererseits sehnte er sich danach, endlich sesshaft zu werden. Sollte er für immer in Paris bleiben und die französische Staatsbürgerschaft beantragen? Er war Württemberger und nach wie vor eingeschriebener Bürger Heilbronns. Jedes Jahr hatte er treulich sein Bürgergeld bezahlt. Der Gedanke an eine Rückkehr ließ ihn nicht los.

Im Dezember 1862 schrieb er an Julius Haußmann:

Ich habe jetzt die Lungerei satt und muss auf feste Füße kommen. Es ist Zeit, denn wir werden sonst alte Esel, eh etwas geschieht.

Doch es dauerte noch ein gutes Jahr, bis er sich zu einer Entscheidung durchringen konnte. Nicht unbeteiligt daran waren seine Freunde Karl Mayer und Julius Haußmann. Zu dritt wollten sie in Stuttgart die demokratische Partei wiederaufleben lassen, die mit der liberalen Fortschrittspartei in der Zeit der Reaktion eine bedenkliche

Fusion eingegangen war. Pfau und seine Freunde hatten diesen Schritt scharf verurteilt. Die Liberalen machten gegenüber der konservativen Regierung zu viele Zugeständnisse und grenzten sich zu wenig gegenüber der Vormacht Preußens in Deutschland ab. Die Liberalen sahen nur die ökonomische Seite und plädierten für eine Annäherung. Mit Preußen zollfrei Handel zu treiben, würde der aufstrebenden württembergischen Industrie neue Märkte erschließen, argumentierten sie. Doch das wäre teuer erkauft. Sollte denn Württemberg ein Anhängsel der preußischen Großmacht werden?

Inzwischen war Prinz Wilhelm von Preußen auf den Thron gestiegen. In Königsberg hatte er sich selbst die Krone aufgesetzt und betont: „Von Gottes Gnaden tragen Preußens Könige seit 160 Jahren die Krone". Die Krone käme auch jetzt nur von Gott, hatte er betont. „An heiliger Stätte" habe er sie „aus seinen Händen empfangen." Die preußische Verfassung von 1848 – 1850 revidiert – erwähnte er mit keinem Wort.

Den erzkonservativen Bismarck hatte er zu seinem Ministerpräsidenten gemacht. Dass reaktionäre Vorstellungen im liberalen Württemberg wieder aufkeimen könnten, müsste um jeden Preis verhindert werden. Darin war er sich mit seinen Freunden einig. Dafür lohnte es sich zu kämpfen.

Aber diese kleinkarierten württembergischen Verhältnisse, diese Kärrnerarbeit, auf die er sich einlassen müsste! Wenngleich er seine ästhetischen Schriften und seine journalistischen Aufsätze über Kunst, Fotografie und Kunstgewerbe oft als lästigen Broterwerb betrachtet hatte, nun wurde ihm deutlich, dass er in dieses Metier hineingewachsen war. Falls er nach Württemberg zurückkehren würde, – ließe sich seine politische Arbeit, die er auf sich zukommen sah, damit vereinbaren?

Sein Freund Karl Mayer beschwor ihn, Paris zu verlassen und mit ihm und Haußmann die Loslösung der Demokraten aus der propreußischen Fortschrittspartei zu betreiben. Man brauche ihn dringend als populäre Symbolfigur der Achtundvierziger, aber auch als klugen Parteistrategen.

Karl Mayer war gleich nach der Amnestie nach Stuttgart gereist und hatte sich am führenden Blatt der demokratischen Opposition, dem *Beobachter*, finanziell beteiligt. Als Mitinhaber der Zeitung wollte er Anfang des Jahres 1864 den Redaktionsvorsitz übernehmen – zusammen mit Pfau und Haußmann. Damit ließe sich was bewirken!

Das gab den Ausschlag. Um die Weihnachtszeit 1863 übersiedelte Pfau nach Stuttgart und nahm das Angebot seines Freundes an. Sogleich stürzte er sich in die Parteiarbeit, verfasste Programme, Resolutionen, Leitartikel.

Paris gab er jedoch zeitlebens nicht auf. Längere Aufenthalte führten ihn bis ins Alter in die Kunstmetropole an der Seine.

Die Heimkehr des Unversöhnten – Dreikönigstreffen der Demokraten in Stuttgart

Stuttgart, 1866

Pfau wollte stets das große Ganze im Blick haben, dachte voraus. Schon zu Beginn des Jahres 1864 veröffentlichte er ein Programm für eine Deutsche Demokratische Volkspartei, die von Württemberg aus initiiert werden sollte.

Doch zunächst mussten die hiesigen Demokraten aus diesem verflixten Bündnis mit der württembergischen Fortschrittspartei befreit werden. Zu diesem Zweck verfasste Pfau noch im Februar 1864 einen Forderungskatalog an die Fortschrittspartei, unter deren Dach sich die württembergischen Demokraten immer noch befanden. Er war sich sicher: die liberalen Vorsitzenden Hölder und Seeger mussten diesen Katalog ablehnen und das würde sich als Anlass für die beabsichtigte Spaltung nutzen lassen.

Sein Thesenpapier umfasste folgende Punkte: Eine Verfassungsrevision für Württemberg sollte ein allgemeines, gleiches, unmittelbares und geheimes Wahlrecht einführen. Das würde den Liberalen zu weit gehen. Die wollten am Zensuswahlrecht festhalten, das die Besitzenden begünstigte.

Was die deutsche Frage betraf, knüpfte Pfau an die Wunschvorstellung der badischen und württembergischen Demokraten des Jahres 1849 an: Anzustreben sei eine Föderation der Mittel- und Kleinstaaten mit dem Ziel, einen freien, demokratischen Südbundes als dritten deutschen Staat neben den Großmächten Preußen und Österreich zu schaffen. Das sollte einen preußischen Zentralismus verhindern.

In der Auseinandersetzung, wie das künftige geeinte Deutschland aussehen sollte: *großdeutsch* mit dem habsburgischen Vielvölkerstaat und Preußen oder *kleindeutsch* – nur mit Preußen, ohne Österreich, war die Nationalversammlung in der Frankfurter Paulskirche letztlich gescheitert. Pfau war Realist. Ein freies demokratisches Deutschland war mit keiner der beiden stockkonservativen Großmächte zu schaffen.

Seine Strategie ging auf. Es kam zur beabsichtigten Spaltung und wenige Monate später bildete sich, wie geplant, auf einem Parteitag in Esslingen die neue demokratische Volkspartei heraus. Sie wollte die **Gleichheit aller in der Freiheit aller** verwirklichen.

Der Thronwechsel in Württemberg begünstigte Pfaus Pläne. Im Juli 1864 starb König Wilhelm I. und sein Sohn, Kronprinz Karl, kam an die Macht. Er gab sich moderner als sein Vater und stellte mit einer seiner ersten Maßnahmen die Presse- und Vereinsfreiheit in Württemberg wieder her.

Sofort begannen Pfau und seine Freunde, die alten demokratischen Volksvereine aus der Revolutionszeit zu reaktivieren. Sie sollten die künftige Basis der Demokratischen Volkspartei bilden. Ihre Vertreter luden sie zum ersten Landesdelegiertentag am Dreikönigstag 1866 nach Stuttgart ein.

*

Als Theobald Kerner in die Marienstraße einbog und auf das Redaktionshaus des *Beobachters* zusteuerte, vernahm er laute Stimmen durch die geschlossenen Fenster. Heftige und derbe Schimpfworte drangen an sein Ohr. Was war da drinnen los?

Im Vorraum traf er auf den Schriftsetzer, der auf die letzten Manuskripte für die neue Ausgabe wartete.

„Das hört sich ja an wie Mord und Totschlag", meinte Kerner mit gerunzelter Stirn.

„Das hat nichts zu sagen", grinste der Schriftsetzer. „Jetzt wird gerade der Umbruch gemacht. Da geht's immer so zu."

Als Kerner vorsichtig die Tür öffnete, blickten ihn die drei Freunde fröhlich an, als ob nichts gewesen wäre.

„Hoher Besuch", spöttelte Haußmann. „Herr Hofrat gibt sich die Ehre."

Erleichtert begrüßte Kerner die engagierten Chefredakteure. Was es denn eben gegeben hätte?

Verwundert blickte Pfau zu Haußmann, Mayer zu Kerner. Was meinte er nur mit dieser Frage?

Schließlich erklärte Haußmann: „Eigentlich ging's nur noch um ein paar Kleinigkeiten. Die Schlagzeile des Leitartikels. Was meinst du? Louis hat ‚Dreikönigstreffen in Stuttgart' vorgeschlagen, Karl hält ‚Erste Landesdelegiertenkonferenz der Demokraten in Stuttgart' für treffender."

„Das ist doch ein verbaler Bandwurm! Das liest keiner

und versteht es erst recht nicht!", schimpfte Pfau.

„Drei Könige sind mir entschieden zu monarchistisch. Einer ist mir schon zu viel!", verteidigte sich Karl Mayer.

„Aber *Dreikönigstreffen* weckt die Neugier der Leser!", rief Pfau erregt. „Darauf kommt's doch an!"

„Sachte, sachte", versuchte Theobald Kerner die Auseinandersetzung zu schlichten. „Das ist doch ganz einfach: Ihr nehmt Louis' Vorschlag als Hauptzeile, sozusagen als Aufreißer und Karls Schlagzeile etwas kleiner gesetzt darunter."

Dann grinste er hinterlistig. „Was haltet ihr davon: Ihr nehmt als Bild unter die Schlagzeile eure drei edlen Köpfe. Dann passt das mit dem Dreikönigstreffen doch!"

Haußmann fing an zu lachen, bald fielen Pfau und Mayer mit ein. Der Bann war gebrochen.

„Den Rest mach ich allein vollends fertig", erbot sich Mayer, was seine Freunde gerne annahmen.

*

Theobald Kerner hatte nach dem Tod seines Vaters und seiner Frau Marie das Haus seines Vaters in Weinsberg samt Praxis übernommen und seine Klinik in Cannstatt aufgegeben.

„Hier erinnert mich alles an sie", gestand er Pfau. „Da geh ich lieber zurück nach Weinsberg und löse das Versprechen ein, das ich meinem Vater einst gegeben hatte, nämlich das Kernerhaus in seinem Sinne weiterzuführen. Doch manchmal fühle ich mich dabei wie ein Einsiedler an der Weibertreu."

„Aber dein neumodisches galvano-magnetisches Heilverfahren praktizierst du weiter? Lassen sich das die Weinsberger denn gefallen?"

„Meine Patienten kommen auch aus Heilbronn, Öhringen, manche sogar aus Schwäbisch Hall, Ludwigsburg oder Stuttgart. Das ist ja heute mit der Bahn keine Weltreise mehr. Weinsberg hat seit zwei Jahren Anschluss an die Welt gefunden und einen schönen Bahnhof bekommen. Keine zwei Stunden habe ich von Weinsberg nach Stuttgart gebraucht. Und so *neumodisch*, wie du gesagt hast, ist das galvano-magnetische Verfahren gar nicht. Schon mein Vater hatte sich jahrelang mit diesem Spezialbereich der Neurologie beschäftigt. Seine Erfahrungen habe ich weiterentwickelt und begonnen, unter Verwendung von elektrischem Strom Patienten zu therapieren. Das hat sogar König Wilhelm beeindruckt."

„So, so?", brummte Pfau nicht sonderlich interessiert.

Doch sein Freund ließ sich nicht bremsen. „Ich habe das in einem Buch zusammengefasst. Es heißt *Galvanismus und Magnetismus als Heilkraft* und ist sogar ins Englische übersetzt worden."

„Was du nicht sagst", frotzelte Pfau, „und weshalb bist du heute nach Stuttgart gekommen? Ist wieder jemand krank bei Königs?"

„Du alte Spottdrossel", lachte Kerner. „An eurem Dreikönigstreffen will ich teilnehmen."

*

Haußmann und Pfau nahmen ihn mit zu Karl Schickler, einem alten Stuttgarter Demokraten, der in der Hirschstraße wohnte. Er hatte führende Parteileute zu einem Empfang geladen und wollte genauestens über das Programm des Landesdelegiertentreffens informiert werden.

„Wenn ich schon nicht dabei sein kann, weil die Beine nicht mehr mitmachen, muss ich doch ein Auge auf euch Junge werfen, damit alles glatt geht", empfing er die drei.

Pfau nahm der Gastgeber anschließend beiseite und stellte ihm seine Nichte Amalie Böhm vor.

„Sie schwärmt von deinen Gedichten", sagte er, als die beiden sich begrüßt und Höflichkeiten ausgetauscht hatten.

„Und den *Eulenspiegel* habe ich regelmäßig gelesen, obwohl ich da fast noch ein Kind war", warf Amalie ein.

Dann zitierte sie spontan aus einem Gedicht von Pfau, das im *Eulenspiegel* erschienen war:

Ich bin ein Fürst, das ist mir klar,
Warum, das ist mir dunkel:
Sie pflanzten plötzlich mir ins Haar
Der Krone lichten Funkel.
Seitdem tanzt alles, Klein und Groß,
Gelenk nach meiner Pfeifen –
Ich bin ein Fürst, das ist kurios!
Ich kann es nicht begreifen.

Pfau sah sie unverwandt an, als sie da vor ihm stand und mit heiterer Ironie die erste Strophe vortrug. Schickler zog sich diskret zurück und Amalie fragte unsicher. „Hab ich einen Fehler gemacht?"

Pfau versicherte schmunzelnd: „Nein, nein, Sie haben die Verse sehr schön vorgetragen. Aber sagen Sie, wie kommt es, dass eine Tochter aus gutem Hause wie Sie sich für meine bitterbösen politischen Lieder interessiert? Als Ihr Onkel gerade erwähnte, Sie würden meine Gedichte lesen, hatte ich eher an die frühen romantischen Lieder gedacht."

„Die gefallen mir auch", versicherte sie. „Sehen Sie, ich bin in einem demokratischen Elternhaus aufgewachsen und Ihre Gedichte, auch die politischen wie die *Flücht*-

lingssonette, gab mir meine Mutter schon zu lesen, als ich noch ein junges Mädchen war."

„Aber das sind Sie doch immer noch!", rief Pfau, fasziniert von der jungen Frau, die vor ihm stand. Er schätzte sie auf höchstens Ende zwanzig.

Sie schlug verlegen die Augen nieder und wechselte das Thema. „Erzählen Sie mir doch mehr von Ihren literarischen Projekten. Sie übersetzen auch aus dem Französischen?"

Sie führte ihn zu einem Tischchen und setzte sich ihm gegenüber.

„Kennen Sie Claude Tillier?"

Als sie verneinte, erklärte er: „Ein begnadeter Erzähler, der in Frankreich fast unbekannt ist. Gerade habe ich die deutsche Übersetzung abgeschlossen. Sie wird Anfang des nächsten Jahres erscheinen. Es war reiner Zufall, dass ich auf ihn gestoßen bin.

Zu Anfang der fünfziger Jahre, als ich eines Tages durch Paris schlenderte und vor einer jener fliegenden Buchhandlungen stehen blieb, welche auf den Brüstungen des Quais und unter den Schwibbögen der Häuser ihren Kram ausbreiten, fielen meine schweifenden Blicke auf ein geheftetes Bändchen von schadhaftem Aussehen. Kein Umschlag, kein Titel, kein Vorwort, weder Verfasser noch Drucker – nichts als ein angeklebter Schmutztitel mit den drei Worten: Mon Oncle Benjamin.

Ich weiß nicht, welche Anziehungskraft die drei Worte auf mich übten, aber sie schienen mich freundlich anzublicken, als wollten sie sagen:

„Blättre nur um, es wird dich nicht gereuen." Ich ließ mich nicht lange bitten, und in der Tat, kaum hatte ich ein paar Seiten überflogen, als mich Stil und Inhalt so fes-

selten, dass ich das Buch kaufte und mit mir nahm. Ich ging in den Jardin De Luxembourg, setzte mich unter einen Kastanienbaum und stand nicht wieder auf, bis es zu Ende gelesen war.

„Jetzt haben Sie mich aber neugierig gemacht", sagte Amalie, „was hat Sie denn an der Lektüre so fasziniert?"

„Ich will nicht zu viel verraten, denn ich hoffe, dass Sie bald das Vergnügen haben werden, das Büchlein selbst zu lesen. Nur so viel: Es ist witzig und warmherzig geschrieben, ohne falsches Pathos, dass es einen direkt anrührt. Ich würde mich freuen, wenn ich Ihnen eines der ersten Exemplare meiner Übersetzung überreichen dürfte."

Sie saßen den ganzen Abend beisammen, sprachen über Literatur, Malerei, Paris und Brüssel. Pfau war von der Belesenheit seiner charmanten Gesprächspartnerin beeindruckt. Auch an den folgenden Tagen trafen sie sich im Haus ihres Onkels und Pfau fühlte sich in ihrer Gegenwart endlich in der Heimat angekommen.

*

Eines Abends, als Amalie bei einer Freundin zu Besuch war, suchte er Schickler auf, um mit ihm über eine mögliche nähere Verbindung mit seiner Nichte zu reden.

„Sie ist nicht vergeben", ermunterte er ihn.

„Wie kann es sein, dass eine junge, gut aussehende Frau wie sie keine Verehrer hat?"

„Verehrer hatte sie schon, aber keiner hielt es lange mit ihr aus", grinste er. Dann schwieg er eine Weile, zündete sich umständlich eine Zigarre an, suchte nach Worten. „Nun ja, wie soll ich sagen, sie ist etwas selbständiger, vielleicht auch intelligenter als manche ihre Altersgenossinnen. Sie hat ihre eigenen Ansichten und lässt sich nicht so schnell was sagen, wenn sie nicht davon überzeugt ist. Man hat ihr vorgehalten, sie habe ein loses Mundwerk.– Nicht jeder ist da so tolerant wie du", druckste er herum. „Sie hat manchen Freier auch schon recht brüsk abgebügelt."

„Aber sie spielt hinreißend Klavier und ist hoch gebildet", wandte Pfau ein.

„Eben!", antwortete Schickler, „doch das schätzen nicht alle an ihr und fürchten ihre Schlagfertigkeit."

„Das würde mich nicht stören. Im Gegenteil!", brummte Pfau und nahm sich vor, bei Amalie in nächster Zeit vorsichtig vorzufühlen und sie auf einen möglichen Antrag schonend vorzubereiten.

Es sollte nicht dazu kommen. Zu ihrem nächsten vereinbarten Treffen erschien sie nicht. Auf Nachfragen erfuhr er, dass sie erkrankt sei. Wenige Tage später teilte ihm Schickler traurig mit, dass seine Nichte ganz plötzlich an einer Hirnhautentzündung gestorben sei.

Pfau war tief getroffen, verzog sich wochenlang und ging seinen Freunden und Bekannten aus dem Weg. Mit Amalie hatte er geglaubt, endlich sein Lebensglück gefunden zu haben, wenn er sie auch nur kurze Zeit kennengelernt hatte. Aber in ihren Gesprächen waren sie sich nahegekommen. Weder mit Minna, noch mit Lisi hatte er so viel innere Übereinstimmung gespürt. Von der kleinen Engländerin in Paris, die ihn aus Eifersucht verlassen hatte, ganz zu schweigen. Es sollte nicht sein. Jetzt war er Mitte vierzig. Musste er sich auf ein Leben als Eigenbrödler einstellen?

Als er sich wieder etwas gefangen hatte, widmete er Amalie ein letztes Gedicht:

Ach, kannst du nicht den Blick noch einmal heben,
Dass ich der Liebe Stern noch einmal seh?

Wird es denn keinen Scheidegruß mir geben.
Dein Aug', das lächelte wie keines je?

Der Tod ist grausam, grausam ist das Leben;
Die letzte Rose liegt im ersten Schnee –
Es stürme, Schicksal, tobend mir entgegen:
Ich trotze dir und trotze deinen Schlägen.

Das erste *Dreikönigstreffen* der Demokratischen Volkspartei wurde zu einem „Festtag der schwäbischen Demokratie", wie im *Beobachter* zu lesen war. Pfau, Haußmann und Mayer konnten ihr Programm ohne Abstriche durchsetzen.

Mit der Volkspartei sollte demokratisches Leben auf allen Ebenen verwirklicht werden, begonnen mit den Gemeinden, in denen das Prinzip bürgerlicher Selbstverwaltung herrschen sollte.

Statt eines zentralisierten Einheitsstaates wie in Preußen sollte über die Länderebene hinaus Föderalismus herrschen. Man wollte sich am Aufbau der Schweiz orientieren, mit direkter Demokratie in den Landsgemeinden und Länderregierungen, die ähnlich wie die Kantone so viel wie möglich selbst regeln sollten.

Im *Beobachter* stellte Pfau seinen Lesern klar vor Augen:

In Deutschland wie überall heißt die politische Frage: Gottesgnadentum oder Volkssouveränität, Ausbeutung oder Selbstregierung, Autorität oder Selbstbestimmung, Dogma oder Vernunft, Gewalt oder Recht, Knechtschaft oder Freiheit.

Wie man ihn drehen und wenden mag, derselbe Gegensatz kehrt immer wieder und auf die Form des Gesamtstaates angewandt, heißt er Zentralisation oder Föderation.

Die Vernunft allein ist von Gottes Gnaden und sie ist mächtiger als alle Fürsten der Erde.

Seinen Artikel schloss Pfau – leicht abgewandelt – mit den Worten, mit denen einst Cato im römischen Senat während der Auseinandersetzungen mit Karthago jede seiner Reden beendet hatte: *Ceterum censeo Borussiam esse delendam* – Im Übrigen bin ich der Meinung, dass Preußen zerstört werden müsse.

*

Seine Befürchtungen schienen sich bald zu bestätigen. Im Sommer 1866 marschierten preußische Truppen in das benachbarte Holstein ein. Der Deutsche Bund machte wegen des eigenmächtigen Vorgehens in Holstein gegen Preußen mobil. Worauf Bismarck den Deutschen Bund für aufgelöst erklärte.

Württembergische Truppen kämpften an der Seite Österreichs und anderer Bundesstaaten gegen die Preußen, die wieder einmal in Baden eingefallen waren. Als die Österreicher in Königgrätz und die Württemberger in Tauberbischofsheim unterlagen, kam es zum Friedensschluss in Prag. Der Deutsche Bund blieb aufgelöst. Dafür schuf Bismarck den Norddeutschen Bund, in dem Preußen allein das Sagen hatte. Preußens Einfluss hatte sich bis an die Grenzen Bayerns ausgedehnt. Österreich sah sich aus Deutschland hinausgedrängt, die süddeutschen Staaten hatten Österreich als Gegengewicht zu Preußen verloren.

Die Empörung darüber verhalf der Volkspartei in Württemberg zu hohen Wahlerfolgen. Mit dem Slogan: „Steuern zahlen, Soldat werden, Maul halten", hatte die Volkspartei deutlich gemacht, was passieren würde, wenn Preußen in Deutschland die Vormacht behielte.

Dies sollte mit vereinten Kräften verhindert werden. Da war sich die Volkspartei sogar mit König Karl von Württemberg einig – wenn auch aus unterschiedlichen Motiven. Der König bangte um seine Souveränität. Er wollte sich nicht seinem preußischen Kollegen unterordnen.

Die Volkspartei fürchtete um den Fortbestand ihrer hart erkämpften demokratischer Reformbemühungen. Zwei Jahre nach dem ersten Dreikönigstreffen in Stuttgart hatte sie das allgemeine, freie, unmittelbare und geheime Wahlrecht durchgesetzt. Es galt für die Wahlen zur zweiten Kammer des württembergischen Landtags.

Was Pfau gleich nach seiner Rückkehr gefordert hatte, wurde Wirklichkeit. Im gemeinsamen Kampf gegen die Vorherrschaft Preußens schlossen sich die Volksparteien Badens, Hessens, Württembergs und Bayerns zur Süddeutschen Volkspartei zusammen.

Doch eine Föderation der Süddeutschen Staaten ließ sich nicht durchsetzen. Schlimmer noch: Wirtschaftliche Gründe legten eine Zollunion der süddeutschen Staaten Baden, Württemberg und Bayern mit dem Norddeutschen Bund nahe. Die Fortschrittspartei, welche die Interessen des besitzenden Bürgertums vertrat, forderte ein einiges Deutschland unter Preußens Führung, damit württembergischen Unternehmen auch der preußische Markt nördlich des Mains offen stünde.

Ludwig Pfau hielt sich in diesen Jahren abwechselnd in Paris und Stuttgart auf, einige Zeit auch in Augsburg, wo er für die überregionale *Augsburger Allgemeine* kunstkritische Artikel schrieb. Er berichtete weiterhin als freier Korrespondent für deutsche und französische Zeitungen und Zeitschriften und gab eine überarbeitete deutsche Ausgabe seiner zuerst auf Französisch erschienen ästhetischen Schriften heraus.

Der 1870 von Bismarck vom Zaun gebrochene Krieg mit Frankreich brachte auch in Württemberg eine Welle der Begeisterung mit sich, die ganz nach dessen Plänen in das zweite deutsche Kaiserreich von 1871 mündete. Bismarck hatte mit den süddeutschen Staaten ein Verteidigungsbündnis gegen Frankreich geschlossen, falls dieses einen von ihnen angreifen würde, und hatte Frankreich in der spanischen Thronfrage so lange provoziert, bis ihm Napoleon III. den Gefallen tat und Preußen den Krieg erklärte.

Und die württembergischen Demokaten? Kennzeichnend für das Dilemma, in dem sie sich befanden, ist die Erklärung des Volksvereins Rottweil, am 21. Juli 1870 im *Beobachter* veröffentlicht. Sie zeigt gleichzeitig, wie Bismarcks Strategie punktgenau aufging, den Krieg herbeizuführen und als politisches Mittel für eine Reichseinigung nach seinen Vorstellungen einzusetzen. Dort heißt es:

Der jetzt drohende Krieg ist nur ein Kampf der französischen Dynastie gegen die preußische. Wie die Sachen gegenwärtig aber leider stehen, ist das Volk an die Dynastien gebunden und somit dieser Krieg bei der jetzigen Situation faktisch ein Krieg der französischen Nation gegen die deutsche Nation. Nachdem aber Frankreich Deutschland den Krieg erklärt hat, müssen wir bei uns als angegriffene Partei allen inneren Streit bei Seite lassen, und können somit unser preußisches Brudervolk, trotz der Vorgänge, dem Ausland gegenüber nicht im Stich lassen.

Vom Beginn des Krieges zwischen Frankreich, Preußen und den verbündeten süddeutschen Staaten erfuhr Pfau in Paris. Als Staatsbürger eines verfeindeten Landes musste er Frankreich umgehend verlassen. Er wetterte:

Nicht die Völker und die Kleinen brauchen den Krieg,

sondern die Fürsten und die Großen. Zehn Jahre später schrieb Pfau: *Kein ehrlicher und verständiger Mensch wird leugnen, dass wir glücklicher waren vor unseren Siegen, und dass die beiden Nationen, wenn sie die Herren ihrer Geschicke gewesen wären, den Krieg unterlassen hätten.*

Auch König Karl schmollte und zog sich in seine Sommerresidenz in Friedrichshafen am Bodensee zurück. Bei der Kaiserproklamation in Versailles am 18. Januar 1871 ließ er sich durch seinen Vetter August von Württemberg vertreten, während der badische Großherzog Friedrich I. den Jubelchor der deutschen Fürsten anführte.

*

Im Frühjahr 1871, als man auch im liberalen Stuttgart den Sieg über Frankreich und das neue Deutsche Kaiserreich feierte, besuchte Pfau Eduard Mörike, der gerade wieder von Nürtingen nach Stuttgart umgezogen war.

Eigentlich wollte sich Pfau mit dem verehrten Kollegen über die Neuauflage seiner Gedichte besprechen. Umso überraschter war er, als der sonst dem Politischen eher abgeneigte Dichter mit ihm eine Diskussion über Tagespolitik begann und sich bitter über die gegenwärtigen nationalistischen Strömungen beklagte, die überall in der Presse zu vernehmen waren. Pfaus Skepsis gegenüber Preußen teilte er. Mitten im Gespräch stand er auf, kramte auf seinem Schreibtisch und legte Pfau ein Blatt vor, auf dem er folgende Verse notiert hatte:

In Gedanken an unsere deutschen Krieger

Bei euren Taten, euren Siegen,
wortlos, beschämt hat mein Gesang geschwiegen.
Und viele, die mich darum schalten,
hätten auch besser den Mund gehalten.

Das preußische Regiment vor Gericht

Stuttgart, Frankfurt, 1877

Er starrte auf das Schreiben, das ihm eben vom Amtsboten gebracht worden war. Es kam von der Staatsanwaltschaft in Frankfurt und bezog sich auf einen Artikel, den er unlängst in der *Frankfurter Zeitung* veröffentlicht hatte.

Über die Ausstellung für Kunst und Kunstindustrie in München hatte er berichtet. Was wollten die jetzt von ihm? Aha. Er lachte bitter. Hier hatten sie ja fein säuberlich notiert, was ihnen missfallen hatte! Die Kunstfreiheit hatte er verteidigen wollen und eben dies nahmen sie jetzt zum Anlass, ihm einen Strick daraus zu drehen. Er ging die Zeilen aus seinem Artikel durch, die – völlig aus dem Kontext gerissen – in diesem Schreiben zitiert waren:

Ist es nicht genug, dass uns das kulturschädliche preußische Regiment ökonomisch, moralisch und intellektuell zu Grunde richtet, indem es die Gewalt an die Stelle des Rechts setzt und die soziale Freiheit, diese Grundbedingung des menschlichen Fortschritts systematisch zu Tode hetzt –

sollen wir uns auch noch ästhetisch von ihm ruinieren lassen? Wäre es nicht Pflicht der Kleinstaaten, wenigstens auf dem Felde von Kunst und Wissenschaft – wenn auch mit Kampf und Aufwand – ihre Autonomie zu wahren und die Arbeit des Geistes vor der Berliner Schablone zu retten?

Anschließend wurde in schönstem Juristendeutsch ausgeführt: *Von Seiten des Königlich Preußischen Staatsministeriums ist rechtzeitig Strafantrag gestellt worden.*

Dieser wurde gleich folgendermaßen begründet. Sie warfen ihm vor, *im Inlande im Juli 1876 durch Veröffentlichung des Feuilletonartikels in Nr. 187, Morgenblatt der „Frankfurter Zeitung" in Beziehung auf das Königlich Preußische Staatsministerium Tatsachen behauptet und verbreitet zu haben, welche dasselbe verächtlich zu machen und in der öffentlichen Meinung herabzuwürdigen geeignet sind.*

Die unbeabsichtigte Ironie ließ ihn laut auflachen. Er musste noch heute in die Redaktion des *Beobachters*. Das sollten die Stuttgarter morgen schon im Wortlaut lesen. Das System stellte sich selbst bloß! Die Anzeige bestätigte seine Kritik am *preußischen Regiment* geradezu!

Er setzte sich an den Schreibtisch und jagte die Feder übers Papier. Von wegen Pressefreiheit! Wenn man nicht einmal mehr das schreiben konnte! Er lächelte grimmig. Aber sie boten ihm mit diesem Schwachsinn geradezu weitere Munition, um seinen Kampf gegen die Berliner Schablone fortzusetzen.

*

Pfau hastete die Stufen zum Büro des Chefredakteurs hoch. Der schaute verwundert auf, als ihm sein Freund wortlos das Schreiben der Staatsanwaltschaft sowie seinen Kommentar auf den Tisch knallte.

„Du gibst nicht so schnell auf, wie?", sagte er augenzwinkernd. Dann runzelte er die Stirn: „Was hältst du von folgender Schlagzeile? ‚Frankfurter Staatsanwaltschaft entsetzt: Ludwig Pfau behauptet Tatsachen'."

Pfau nickte. „Genau das haben sie mir vorgeworfen. Wortwörtlich! Sie geben zu, dass ich mit *Tatsachen* ihr Ansehen herabsetze. Dümmer geht's nimmer!"

„Das geht weniger gegen dich als gegen Sonnemann", versuchte ihn sein Freund zu besänftigen. „Sie wollen den Herausgeber der *Frankfurter Zeitung* treffen. Gegen den führen sie längst Krieg. Frankfurt ist jetzt preußisch und das sollen die stolzen Frankfurter spüren." Er machte eine Pause und musterte sein Gegenüber. „Und? wirst du dich im preußischen Ausland den Vorwürfen stellen und einer Vorladung folgen?"

„Das lass ich mir doch nicht entgehen! Gleich heut Abend schreibe ich Sonnemann. Den Auftritt vor der Frankfurter Strafkammer werden wir gehörig inszenieren. Ich will denen eine Rede halten, an der sie zu beißen haben!"

„Sei vorsichtig!", mahnte der Chefredakteur.. „Womöglich finden sie einen Anlass, dich gleich einzulochen."

„Das werden sie nicht wagen", gab Pfau zurück. „Vor allem dann nicht, wenn der Prozess in der Öffentlichkeit wahrgenommen wird. Deshalb müssen der *Beobachter*, die *Frankfurter Zeitung* und alle anderen demokratischen Blätter ausgiebig darüber berichten."

„Worauf du dich verlassen kannst!", bekräftigte sein Freund. „Dann viel Glück in der Höhle des Löwen!"

Die *Frankfurter Zeitung* war im Kaiserreich zum Forum der außerparlamentarischen liberal-bürgerlichen Opposition geworden. Sie stand der demokratischen Volkspartei am nächsten. Viele Berichterstatter des Blattes gingen häufig in Zwangshaft wegen Zeugnisverweigerung, weil sie prinzipiell ihre Informanten nicht nannten. Pfau hatte den Artikel mit seinem vollen Namen gezeichnet. Eigentlich wollte er ja nur über die Ausstellung in München schreiben, an der die Preußen Anstoß genommen hatten. Was mischten die sich auch in rein bayerische Angelegenheiten ein! Bayern und Württemberg waren nicht Preußen! Innerhalb des Kaiserreiches genossen die beiden Königreiche eine gewisse Autonomie, besonders in Fragen der Kulturpolitik– und die galt es zu verteidigen!

*

Er fuhr mit der Bahn nach Frankfurt, machte sich auf in die Große Eschenheimer Gasse, wo Leopold Sonnemann residierte und seine Bank, die *Frankfurter Gewerbekasse*, betrieb. Hier hatte auch die *Frankfurter Zeitung* ihren Sitz, die er außerdem herausgab.

Der 19. Februar 1877, an dem das Verfahren stattfand, war ein grauer, nasskalter Wintertag. Sonnemann begleitete ihn persönlich zum Gericht. Dort erwartete ihn eine Menschenmenge, die trotz Graupelschauer ausharrte und ihm zujubelte. Sonnemann hatte Pfaus Auftritt mit ausführlicher Berichterstattung in seinem Blatt bestens vorbereitet. Mit erhobenem Kopf schritten die beiden durch die Wartenden, den ein oder anderen persönlichen Bekannten kurz begrüßend.

Während Sonnemann unter den zahlreichen Zuschauern Platz nahm, steuerte Pfau auf die Anklagebank zu. Er wollte seine Redezeit gebührlich ausschöpfen.

Zusammen mit Karl Mayer hatte er die Verteidigungsstrategie entworfen. Mayer war Volljurist. Vor dem politischen Engagement bei den Demokraten und bevor er sich als Unternehmer selbständig gemacht hatte, war er am Waiblinger Amtsgericht tätig gewesen.

„Eigentlich ist das keine Verteidigungs-, sondern ein Angriffsstrategie", hatte er gemeint, als er Pfaus Rede gelesen hatte. „Willst du jetzt das Gericht für dich gewinnen oder gegen dich aufbringen?"

„Das ist mir, ehrlich gesagt, scheißegal", hatte Pfau gewettert. „Ich werde keinem Staatsanwalt auch nur ein Haar krümmen. Das Preußentum als solches, das System, will ich anklagen. Und das in einer Weise, dass sich die Zuhörer fragen, wer hier eigentlich vor Gericht steht!"

„Das gibt eine gute Schlagzeile, wenn der Beobachter über den Prozess berichtet", rief Mayer. „Das preußische Regiment vor Gericht – damit wirst du vom Angeklagten zum Ankläger."

„Genau das will ich!", wetterte Pfau.

*

Aus dem Gerichtsprotokoll:

Pfau: *Das heutige Deutschland ist mit einem Wort nichts als ein vergrößertes Preußen, und jede legislatorische und gesamtstaatliche Maßregel der Reichspolitik zeigt nur das Bestreben, diese Verpreußung immer gründlicher durchzuführen.*

Einwurf des Gerichtspräsidenten: *Mäßigen Sie sich!*

Pfau: *Dies kann nun einem Bewohner Pommerns oder Brandenburgs sehr erbaulich erscheinen, erbaut uns andere aber nicht im Geringsten. Nicht den und jenen, das Preußentum selber klage ich an. Wir wollen nicht unter dem Vorwand der Reichseinheit und allen Versprechungen zum Trotz unsere guten, durch eine lange redliche Freiheitsarbeit erkämpften Gesetze gegen schlechte preußische vertauschen.*

Wir hatten eine Verfassung, eine Vertretung, welche den

Schlüssel der Staatskasse führte, schon zu einer Zeit, wo man in Preußen noch Jahrhunderte lang mit dem Stock regierte, und nun sollen wir zum Dank für unsere nationalen Opfer einer Gesetzgebung unterliegen, welche in Wahrheit mit der Verteidigung und Machtstellung des Vaterlandes nichts zu tun, sondern nur den Zweck hat, das ganze innere Deutschland den alten Gewaltmaximen des preußischen Systems zu unterwerfen?

Eine solche Politik ist keine Politik der Einheit, sondern der Zwietracht. So erlaube ich mir, in Betreff des Vaterlands anderer Meinung zu sein wie Sie und diese Meinung auszusprechen. Dies aber stellt eine rechtsstaatliche Regierung jedem Bürger frei, und wenn sie eine Antwort für nötig hält, so antwortet sie der Presse durch die Presse.

Es ist freilich bequemer, statt durch triftige Gegenbeweise mit Hilfe des Staatsanwalts zu antworten. Solche Tendenzprozesse sind nichts als politische Ketzerverfolgungen; sie stellen sich, ob sie wollen oder nicht, auf den Standpunkt der heiligen Inquisition, die sich einbildet, die Bücher zu widerlegen, indem sie sie verbrennt und die Menschheit zu bekehren, indem sie sie misshandelt.

Präsident: *Ich muss Sie erneut zur Ordnung rufen.*

Pfau: *Ich bin angeklagt, weil ich eine Kritik geübt habe. Wenn man mir nicht erlaubt, dieselbe zu begründen, so ist die Verteidigung unmöglich.*

Präsident: *Ich werde sie in der sachlichen Ausführung nicht beschränken, sondern muss Sie nur darauf aufmerksam machen, dass Sie sich nicht Ausschreitungen beleidigender Natur hingeben sollen.*

Pfau: *Ich habe durchaus nicht die Absicht zu beleidigen, aber die mir auferlegte Beschränkung illustriert am besten die Natur dieser Art von Prozessen.*

*

Bereits aus diesen Ausschnitten wird Pfaus politische Haltung deutlich. Bewusst stellt er sich in die Tradition der ständischen Freiheitsarbeit in Württemberg, denn: *Preußische Beispiele verderben schwäbische Sitten.* Er appelliert an die Klein- und Mittelstaaten, den Föderalismus im Bismarckreich nicht aufzugeben. Einheit und Freiheit war die Losung des Vormärz und der Revolution von 1848/49 gewesen. Einheit *durch* Freiheit und in Freiheit waren die Ziele, für die er zusammen mit seinen demokratischen Gefährten gekämpft hatte. Nun war die Einheit äußerlich geschaffen – aber durch die Fürsten und gegen die Freiheit, durch einen blutigen Krieg gegen Frankreich, über den er geschrieben hatte: *Herz und Verstand verkümmert, Sinn und Sitte verwildert.*

Pfaus Verteidigungsrede erregte in ganz Deutschland Aufsehen. Sie erschien in Tageszeitungen verschiedener politischer Couleur und als Separatdruck mit einer Auflage von 50.000 Exemplaren unter dem Titel: „Das preußische Regiment vor Gericht. Rede, gehalten zu seiner Verteidigung vor dem Stadtgericht zu Frankfurt a.M. von Ludwig Pfau. Nebst sämtlichen Prozessstücken. Zürich, 1877."

Man sprach von einer *Philippika* gegen das preußische Regiment, *einem Schlag, von dem sich das in Deutschland herrschende System nicht so bald erholen würde* – so der *Beobachter* vom 27. Februar 1877. Man feierte sie *als ein Wort der Befreiung, das Tausende gedrückter Herzen von dem Alp erlöst hätte, der seit Jahren auf sie gewälzt war.*

Die Rede machte ihn populär, auch außerhalb Württembergs. So kommentierte der Hampelmann in der Rubrik *Frankfurter Latern* auf hessisch: *Kenn ääner de Schwawe! Bei dene singe sogar die Pfaue besser als wie wo annerscht die Nachtigalle, b'sonnerscht, wann se Ludwig hääße.*

Das Gericht konnte Pfau mit seiner Argumentation allerdings nicht überzeugen. Gleichwohl erließ es ein eher gemäßigtes Urteil. Am 26. Februar 1877 verhängte es eine Strafe von hundert Mark. Doch dem Staatsanwalt erschien das zu mild. Er legte Berufung ein. Anfang Mai verurteilte ihn die nächst höhere Instanz zu drei Monaten Gefängnis.

Pfau zeigte sich davon wenig beeindruckt. In einem offenen Brief bezog er Stellung: *Im Übrigen berufe ich mich – wie ich als Kläger und Beklagter in öffentlichen Dingen stets getan – auf die Instanz, welche über allen Richtern steht, auf den Gerichtshof der freien Geister und unabhängigen Charaktere.*

Pfau durfte seine Haftstrafe in seiner Vaterstadt Heilbronn absitzen, dessen Bürger er offiziell immer noch war.

Der gefeierte Häftling

Heilbronn, 1877
Louis im Gefängnis? Theobald Kerner machte sich umgehend auf den Weg nach Heilbronn, um seinen Freund zu besuchen. Mit Vergnügen hatte er die Berichterstattungen im *Beobachter* und in der *Frankfurter Zeitung* verfolgt, für deren Feuilletonteil er gelegentlich selbst die ein oder andere satirische Erzählung beisteuerte.

Was das *preußische Regiment* hier veranstaltete, war Realsatire – und Louis setzte noch eins drauf. Dass er als der wahre Sieger vom Platz gegangen war, mussten selbst seine Gegner einräumen. Ein Vierteljahr Haft, nur weil er es gewagt hatte, die Dinge beim Namen zu nennen. Dass es sich um Tatsachen handelte, stand ja schon in der Anklageschrift. Wie schön, dass der Staatsanwalt hier stilistisch so danebengriffen hatte und wohl eher *haltlose Behauptungen* gemeint hatte. Aber es waren bitter wahre Tatsachen! Überall versuchte sich das preußische Regiment in die Kulturpolitik einzumischen, sei es Kunst, Literatur oder in journalistischen Fragen.

Mit der Bahn brauchte er nur wenige Minuten nach

Heilbronn. Wie oft war er vor vierzig Jahren über den Weinsberger Sattel den Weg in die Neckarstadt zu Fuß gegangen. Beinahe täglich, ins Heilbronner Gymnasium. Eine gute Stunde hin, wenn er sich beeilte, und nachmittags wieder zurück.

Vom Bahnhof beim Hafen vor der Stadt bis in die Steinstraße war er es nicht weit. Ein ungutes Gefühl beschlich ihn, als er dann vor dem Tor des Zellengefängnisses stand. Düstere Erinnerung.. Da war er wieder, dieser trübe Novembertag vor siebenundzwanzig Jahren, als ihn sein Vater auf dem Hohenasperg abgeliefert hatte. Seine Familie hatte er in Weinsberg zurücklassen müssen, der kleine Georg noch kein Jahr alt. Zehn Monate hatten sie ihm aufgebrummt wegen seiner Rede damals in Heilbronn, als er in der Volksversammlung zum Kampf für die Freiheit aufgerufen hatte. *Aufruf zum Hochverrat* hatte der Königliche Gerichtshof für den Neckarkreis in Esslingen befunden. Er hätte damit rechnen müssen, aber er hatte alles auf die Karte gesetzt, dass die Revolution erfolgreich verliefe.

Hochverrat war wenigstens ein handfester Tatbestand gewesen. Aber Louis saß jetzt wegen *Beleidigung der preußischen Staatsregierung* hinter diesen Mauern des Heilbronner Gefängnisses, die sich vor Theobald erhoben. Lachhaft! Die Preußen begannen schon wild um sich zu schlagen, wenn einer nur den Mund aufmachte.

Während er darauf wartete, dass ihn der Pförtner einließ, beschloss er, sich vor seinem Besuch bei Pfau, beim Gefängnisdirektor Karl von Köstlin melden zu lassen.

*

Köstlin empfing den Freund aus Weinsberg freundlich, konnte aber eine spöttische Frotzelei nicht unterdrücken: „Was verschafft mir die Ehre, Herr Hofrat? Es wird doch nicht die Sehnsucht nach einem wohlbehüteten Ort sein?"

„Kannst du dir das nicht denken?", fragte Theobald etwas ruppig zurück. „Ich interessiere mich für einen deiner Gefangenen, der hier eine äußerst dubiose Strafe absitzen muss."

„Wieder einer seiner glühenden Anhänger!", grinste Köstlin. „Er kann sich vor Besuchern kaum retten und hat mir eben erst gestanden, dass es ihm langsam zu viel wird – aber für dich macht er vielleicht eine Ausnahme. Ich will ein gutes Wort für dich einlegen."

Kerner parierte seinen Spott: „Wenn du mich bei ihm melden könntest? Du scheinst ja so was wie sein persönlicher Empfangschef zu sein."

„Mit Vergnügen. Aber, Spaß beiseite, dass Pfau hier einsitzen muss, ist ein Skandal. Doch du wirst es gleich selbst sehen, er scheint sich bei uns wohl zu fühlen."

Karl von Köstlin und Theobald Kerner kannten sich seit langem. Köstlin war der Neffe eines guten Freundes seines Vaters, Achtundvierziger wie er und auch jetzt, in Amt und Würde, überzeugter Demokrat.

Der Gefängnisdirektor führte ihn höchstpersönlich zu Pfaus Zelle, klopfte höflich an, wartete das mürrisch gerufene *Herein* ab, bevor er die unverschlossene Tür öffnete.

Kerners Erstaunen wuchs, als er seinen Freund in einem gepolsterten Stuhl in bequemem Hausmantel an einem Schreibtisch sitzen sah. Blauer Zigarrenrauch umwölkte ihn. Während sich Pfau langsam erhob, ließ Kerner seine Blicke durch die Zelle schweifen. Frische Blumen standen da, in der Ecke ein weicher Ohrensessel, ein paar Flaschen Wein lagen aufgeschichtet an der Wand, zwischen Bücherstapeln.

„Wir haben ihm schon unsere größte Zelle gegeben", entschuldigte sich Köstlin. „Doch der Platz wird langsam knapp."

„Lieber Freund, nur keine Umstände", beschwichtigte Pfau den Gefängnisdirektor, bevor er auf Theobald Kerner zuging und ihn umarmte. „Schön, dass du mich besuchen kommst!"

Köstlin verabschiedete sich, Pfau bot seinem Freund den Sessel in der Ecke an und zog seinen Schreibtischstuhl heran. „Ein Glas Wein? Eine Zigarre?"

„Die würde ich nicht abschlagen."

„Beste Qualität", brummte Pfau, als er ihm das Kistchen reichte. „Der junge Betz hat sie mir gestern rübergebracht."

„Dich scheint man ja richtig zu verwöhnen", staunte Theobald, während er die Zigarre anpaffte. „Und wie schmeckt dir das Gefängnisessen?"

„Das wird mir vorenthalten", erwiderte Pfau trocken.

Als er Kerners erschrocknen Blick sah, grinste er und erklärte: „Jeden Mittag bringt mir eine der demokratischen Damen Heilbronns mein Tagesmenü, selbst gekocht, aber vom Feinsten. Ich kann nicht klagen, außer dass die Portionen zu groß sind." Er fasste mit beiden Händen an seinen Bauch. „Ich werde hier regelrecht gemästet. Wenn das so weitergeht, brauche ich nach der Haft neue Hosen."

Pfau wies auf seinen Schreibtisch, der mit Blätterstapeln bedeckt war. „Endlich komme ich dazu, meine Neuauflage der Gedichte vorzubereiten und die vielen Briefe zu beantworten, die mir nach meinem Prozess zugegangen sind."

Kerner blickte zu einem Stapel Zeitungen an der Wand. Noch bevor er fragen konnte, klärte ihn Pfau auf. „Beobachter und Frankfurter Zeitung werden mir von den Redaktionen druckfrisch zugesandt. Ich brauch mich um nichts zu kümmern. Täglich wird mir die Post gebracht und meine Briefe gleich mitgenommen. Ich sollte mich hier öfter einmieten."

„Hast du Bismarck schon einen Dankesbrief geschrieben?", stichelte Kerner.

„Wie wär's denn mit einem Feuilletonartikel über meine Haft im Heilbronner Gefängnis? Das müsstest allerdings du übernehmen."

„Ob Bismarck die *Frankfurter* liest, weiß ich nicht, und ob die *Preußische Kreuzzeitung* den Artikel drucken ließe, bezweifle ich", gab Kerner zurück.

„Die haben genug mit ihrem *Kulturkampf* zu tun. Manche dieser neuen Gesetze wie die Zivilehe oder die staatliche Schulaufsicht finde ich ja nicht schlecht. Da muss die Kirche wahrlich nicht das erste und nicht das letzte Wort haben. Aber dass die Preußen ihre Kulturpolitik auf Reichsebene durchsetzen wollen, widerspricht allen Grundsätzen des Föderalismus."

„Mit dem Kampf gegen die Katholiken ist Bismarck schon fertig", wandte Kerner ein. „Jetzt sind die Sozis dran. Die scheinen ihm langsam gefährlich zu werden."

Sie diskutierten noch lange über die Entwicklung im neuen Deutschen Kaiserreich, die ihnen beiden nicht behagte. Doch die Mehrheitsverhältnisse im Reichstag waren nach den letzten Wahlen im Januar 1877 eindeutig. Die Nationalliberalen, die Bismarck unterstützten, waren nach wie vor die stärkste Partei, dicht gefolgt vom katholischen Zentrum und den Konservativen. Linksliberale

Demokraten und Sozialdemokraten lagen etwa gleichauf mit jeweils rund neun Prozent. Sie bildeten zusammen die schärfste Opposition gegen Bismarck, die dieser ebenso wie das katholische Zentrum rigoros zu unterdrücken suchte, nach der Devise: „Alles, was sich nicht fügt, muss gefügig gemacht werden."

*

Über Pfaus luxuriöse Haftbedingungen im Heilbronner Gefängnis berichtete sein Parteifreund Friedrich Payer im *Beobachter:*

In der stillen Zelle und dem Lehnstuhl gefiel es unserem Pfau; die kleinen Sorgen des täglichen Lebens fielen weg und wie die Strafzeit um war, weigerte er sich zum Entsetzen des Gefängnispersonals kurzerhand, das Gefängnis zu verlassen. Erst wie er bei der Rückkehr von dem vorgeschriebenen Lauf im Gefängnishofe auf Anordnung der Direktion, die beim besten Willen keinen freiwilligen Strafgefangenen behalten konnte, die Zelle des Lehnstuhls und des Betts beraubt fand und ihm die völlige Ausräumung in Aussicht gestellt wurde, zog er sehr entrüstet ab.

Aus dem Vierteljahr Haft im Heilbronner Gefängnis entwickelte sich eine enge Freundschaft. Ludwig Pfau war auch später häufiger Gast bei Köstlin und kehrte deshalb immer wieder freiwillig ins Heilbronner Gefängnis in der Steinstraße zurück, wo der Gefängnisdirektor mit seiner Familie in einer Dienstwohnung residierte und den Freund gerne zum Tee oder Abendessen empfing, wenn Pfau in Heilbronn weilte.

Prügel für Bismarck

Stuttgart, 1878, 1883, 1884
Im folgenden Jahr veröffentlichte Pfau in der *Frankfurter Zeitung* einen satirischen Text unter dem Titel *Fabel*. Er handelte von einem prügelnden Schulmeister, der sich bei seinem Schulinspektor bitter darüber beklagt, dass es ihm immer schwerer fiele, trotz Haselstock und Karzer Ordnung in seinen Laden zu bringen.

Der Schulinspektor aber weist ihn zurück und wäscht ihm den Kopf:

Wo der Stock aufhört, da hört bei dir der Pädagog auf, und was du zum Gedeihen deiner Anstalt zu lehren hättest, das müsstest du selber erst lernen. Wenn die Schüler nichts taugen, so ist das ein Zeichen, dass der Lehrer nichts taugt. Sei daher so gut und gib dir jetzt selber den Laufpass. Was uns Not tut, das ist ein Schulmeister, der keine Haselstöcke braucht.

Aus dem Kontext, in den die Fabel gesetzt war, ging klar hervor, dass mit dem Schulmeister nur Bismarck und mit seiner Schule nur das Deutsche Reich gemeint sein konnte.

In der Tat: Seit der Reichseinigung schurigelte der Kanzler die Oppositionsparteien, das Zentrum oder die Sozialdemokraten, wie es ihm passte, später auch die Demokraten und die Nationalliberalen. Im Deutschen Reich sollte preußische Zucht und Ordnung herrschen.

Pfaus Fabel gefiel den Behörden nicht und es dauerte nicht lange, bis das *preußische Regiment* wieder zuschlug. Doch der Verfasser war nicht zweifelsfrei zu ermitteln. Pfau hatte nur mit einem Kürzel signiert und die *Frankfurter Zeitung* weigerte sich ihren Grundsätzen entsprechend, ihre Autoren oder Informanten preiszugeben. Darauf zog die Staatsanwaltschaft den Feuilletonredakteur zur Verantwortung. In zweiter Instanz verurteilte ihn das Gericht zu einem Monat Gefängnis.

Hätte Pfau intervenieren und freiwillig sich zu seinem Artikel bekennen sollen? Sollte er schon wieder ins Gefängnis? Er schwieg. Verleger Sonnemann aber nahm Übel und für einige Zeit erschienen in seiner Zeitung keine Artikel mehr von Ludwig Pfau.

Doch seinen Kampf gegen Bismarck gab Pfau nicht auf. Drei Jahre später schrieb er für den *Beobachter* in mehreren Folgen *Historisch-philosophische Betrachtungen eines Reichswählers*, eine Art Anti-Bismarck. Sie erschienen als Broschüre im ganzen Deutschen Reich und sorgten für einiges Aufsehen. Entschieden setzte sich Pfau darin für Freiheit und Recht ein und geißelte Bismarcks Innen- wie Außenpolitik.

Das allgemeine Übel wird einen Umfang erreichen, der auch den Angstbürger in den Stand der Notwehr versetzt und ihm die Politik des größten Prügels verleidet. Dann wird ihm klar werden, dass aus all dieser Diplomatenkunst und Kabinettsregierung der Gesamtheit kein Heil erwächst, dass die Politik des Volks nur die ewig eine sein kann, die Recht und Freiheit heißt.

Dem von Bismarck geschaffenen Deutschen Kaiserreich setzte er die Vision eines anderen, friedlichen und freiheitlichen Deutschlands gegenüber.

Ja! Auch wir möchten Deutschland groß und mächtig, geliebt und geachtet sehen! Aber groß durch seine ethische Kultur, mächtig durch die Sympathie, die es den Völkern einflößt, geliebt durch die Freiheit, die es den Geistern gewährt, und geachtet durch die Gerechtigkeit, die es seinen Staatseinrichtungen zugrunde legt.

Bismarcks Reformgesetze lehnte er ab, weil sie nicht auf demokratischem Weg zustande gekommen waren, wenn sie auch, wie etwa die Sozialgesetzgebung, Krankenversicherung, Invaliditäts- oder Unfallversicherung, fortschrittlich anmuten wollten. In Wahrheit sollten sie die Sozialdemokratie treffen, ihr die Wählerschaft abspenstig machen.

Die ganze Gesetzgebung, trotz mancher materieller Zugeständnisse an die modernen Forderungen, ist nirgends wahrhaftig freisinnig, sondern tendenziös junkerlich und verlogen liberal, wie die ganze Zeit und das ganze Staatsleben.

So kam er zu dem Schluss:

Bismarck ist den falschen Weg gegangen. Seine Blut- und Eisenpolitik hat die Einheit auf Kosten der Freiheit durchgesetzt. Deutschland ist in Preußen aufgegangen. In diesem vergrößerten Preußen herrscht Willkür und Unterdrückung. Preußenherrschaft bringt Volksentmündigung.

Und Bismarck selbst?

Im eisernen Kanzler sah er keinen klugen Diplomaten, der etwa durch geschickte Schachzüge in der Politik den gesellschaftlichen Fortschritt vorbereitete und förderte, sondern einen kühl taktierenden Machtpolitiker, der über Leichen ging – eine Figur aus dem Gruselkabinett des Absolutismus. Das stand für ihn fest: Der gefeierte Kanzler sei aufgrund seiner Charaktereigenschaften nicht fähig, das Deutsche Reich verantwortlich in die Zukunft zu führen.

Mit einer derben, quantitativen Auffassung, mit einer Intelligenz begabt, welche die Grenzen des Mechanischen nicht überschreitet und den Bedingungen organischer Gestaltung fremd gegenübersteht, begreift er die Dinge nur von ihrer äußerlichen Seite, und weiß daher der Welt nur mit den drastischen Mitteln der Hebebäume und Beißzangen beizukommen. Zur Pflege des inneren Staatslebens passt er wie ein Ingenieur zum Geburtshelfer.

In einem Brief an seine vertraute Freundin Anna Spier entlarvte Pfau den Mythos Bismarck: *Bismarcks ganze Kunst besteht darin, die öffentliche Meinung durch diplomatischen Lug und Trug irrezuführen und diese Taktik hinter dem Schein einer gewissen brüsken Aufrichtigkeit und verlogener Bonhomie zu verbergen.*

*

„Diesen Wieland soll doch der Teufel holen!", knurrte Pfau und hielt seinem Freund Julius Haußmann das Schreiben der Stuttgarter Staatsanwaltschaft hin. „Jetzt erhebt er Privatklage gegen mich wegen Beleidigung!"

„Womit er nicht ganz unrecht hat", meinte Haußmann amüsiert. „Verlogenen Patriotismus hast du ihm vorgeworfen und ihn als Reichsschreier bezeichnet."

„Aber er darf mir ungestraft landesverräterische Gesinnung vorwerfen!", entgegnete Pfau entrüstet. „Fragt sich nur, wer hier die wahren Interessen Deutschlands verrät!"

„Worum ging's eigentlich?", mischte sich Karl Mayer neugierig ein.

„Ach, die unselige Geschichte der Abgeordneten von Elsass-Lothringen", erklärte Pfau ärgerlich. „Ich hab mich dafür eingesetzt, dass die Mitglieder des elsass-lothringischen Landesausschusses, die noch kein Deutsch sprechen, sich übergangsweise ihrer französischen Muttersprache bedienen dürfen. Ja wie sollen sie denn sonst ihre Arbeit machen?"

„Wieland will nicht wahrhaben, dass es eine französische Minderheit im Reichsland Elsass-Lothringen gibt", fügte Haußmann hinzu.

„Die Lothringer sollen sich wohl schleunigst verpreußen lassen", wetterte Pfau. „Ist es denn ein nationales Unglück, wenn im Landesausschuss manchmal französisch geredet wird?"

Am 5. April 1883 fand vor dem Stuttgarter Amtsgericht die Verhandlung statt. Pfau nutzte die Gelegenheit, um öffentlich für eine Verständigung zwischen Deutschland und Frankreich einzutreten und Kriegshetze auf beiden Seiten zu verurteilen.

Das feindselige – jede geistige, sittliche und industrielle Fortentwicklung hemmende – kriegsbereite Verhältnis zwischen Deutschland und Frankreich ist das größte Unglück, das in diesem Jahrhundert Europa betroffen hat; und wenn wir an der friedlichen Entwicklung dieser beider Völker arbeiten, so sind wir bessere Patrioten und leisten unserem Vaterland einen größeren Dienst, als jene gemeinschädlichen Hetzer großen und kleinen Kalibers, die fortwährend, bald im Westen, bald im Osten, einen Krieg in Sicht haben, und sich nicht entblöden, die wahren Interessen ihres Landes auf das frivolste zu gefährden.

Wieder berichtete der *Beobachter* ausführlich und gab einen Sonderdruck heraus: *Der Pressprozess des „Staatsanzeigers für Württemberg" gegen Ludwig Pfau*, der weit über Württemberg hinaus Beachtung fand.

Das Gericht aber gab dem Kläger Recht und verurteilte Pfau zu einem Monat Gefängnis. In der Öffentlichkeit, die den Prozess gespannt verfolgte, erhob sich empörter Protest. Die gesamte liberale Presse stand auf Seiten Pfaus und seine demokratischen Freunde veranstalteten für den moralischen Sieger des Gerichtsverfahrens ein Festbankett im reich dekorierten Saal des Stuttgarter *Schützenhofs*, der schon vor Beginn der Veranstaltung bis auf den letzten Platz besetzt war. Es geriet zu einem Protestbankett und einer Kundgebung gegen das Urteil der Richter.

*

Als Pfau den Saal betrat, erhoben sich die Anwesenden und begrüßten ihn mit Bravorufen und minutenlangem Beifall.

„Du musst zu ihnen sprechen", drängte ihn Haußmann.

„Ich bin kein Festhammel", brummte Pfau, dem der Rummel unangenehm war. „Was ich zu sagen hatte, habe ich vor Gericht ausführlich dargelegt."

„Es hilft alles nichts!", schmunzelte Haußmann und drängte ihn zu Rednerbühne. „Wir haben auch viele Gäste von auswärts, die sind extra angereist und wollen dir ihre Solidarität zeigen. Die darfst du nicht enttäuschen."

Als er endlich oben stand, wollte der Applaus nicht enden. Pfau kam sich hilflos vor. Immer wieder hob er beschwörend die Hände und als endlich Ruhe eingekehrt war, begann er umständlich:

Liebe Freunde, es geht hier nicht um mich. Ich bin eher nur der Stein des Anstoßes, über den die bürokratische Justiz gestolpert ist. Diese großartige Demonstration hat eine größere und allgemeinere Bedeutung: Es ist das erste Mal, dass die öffentliche Meinung gegen ein richterliches Urteil öffentlich protestiert, dass der stille Jammer über unsere Rechtszustände sich sammelt zu einem allgemeinen Aufschrei.

Am Ende seiner Rede kam er zu dem Schluss: *Was aber mich betrifft, so will ich lieber vier Wochen sitzen, als dieses Urteil gemacht haben.*

Danach wurden Telegramme verlesen, die aus vielen Städten des In- und Auslandes eingetroffen waren. Peter Bruckmann aus Heilbronn schrieb im Namen seiner Heilbronner Parteifreunde:

Verehrter Freund!

Seit das von der Stuttgarter Strafkammer über Sie verhängte Urteil hier bekannt geworden, geht ein Schrei des Erstaunens und der Missbilligung nicht nur durch die Kreise ihrer zahlreichen Freunde und Verehrer, sondern auch durch die Reihen aller freisinnigen, vom Parteihass nicht verblendeten Bürger.

Pfau saß schweigend am Rande der Gesellschaft, blieb freundlich, aber wortkarg, wenn ihn einer ansprach. Wie viel lieber säße er jetzt im *Petersburger Hof* in der Eberhardstraße bei einer Partie Domino mit ein paar guten Freunden, einem Glas Grog und einer Zigarre.

Liebe Anna!

Stuttgart, 1886

Da wär ich nun wieder in Stuttgart und laufe herum wie einer, der aus einem schönen Traum erwacht ist und sich in die Wirklichkeit noch nicht recht finden kann; und wenn der Traumdusel vollends verflogen ist, werd ich ein schönes Heimweh nach Dir haben. Es fängt schon an, je mehr es mir nach und nach klar wird, dass ich jetzt nicht mehr jeden Abend zu Dir laufen kann, um mit Dir zu plaudern. Du kleine Hexe, die mir, ehe ich mich's versehe, den hintersten Gedanken aus dem Kopf zaubert, von denen, die im Herzen sitzen, gar nicht zu reden, denn die laufen von selber fort. Aber ich merk wohl, da hilft kein Bitten und Beten: Du siehst mich mit Deinen schwarzen Sphinxaugen an und lachst so selbstbewusst mit Deinem Munde aus Morgenland, der nicht nur mit den Lippen, sondern auch mit den Zähnen lacht, als wolle er sagen: Dir hab ich's auch angetan, armer Abendländer. Jetzt hast du die Sehnsucht nach den Ufern des Ganges, die dich nimmer loslässt.

Glücklicherweise kommt mein Hauswirt herein, um mich zu begrüßen, sonst wär ich, glaub ich, selbst durch die Er-

innerung dem Bann verfallen und nicht von Dir losgekommen. Deine Augen glitzern zwar noch aus der Ferne; aber der Schlingel bringt mir einen Teller mit Begrüßungskonfekt, um die eine Süßigkeit mit der andern zu vertreiben, und so ergreife ich die günstige Gelegenheit, eh mich die Hexe wieder beim Schopf hat, und setze den Hut auf und geh zu meinem Freund Haußmann, den ich schändlicherweise noch nicht angrüßte. Ich weiß aber schon, wenn ich heut Abend wieder heimkomme, wer auf mich passt. Der Mensch kann halt seinem Schicksal nicht entrinnen.
Von Herzen
Dein
L. P.
Grüße mir bestens Deinen Mann

Ein Liebesbrief des Sechsundsechzigjährigen an eine verheiratete Frau und Mutter? Anna Spier wurde in Pfaus späten Jahren zu seiner vertrautesten Brief- und Gesprächspartnerin. Ihr Briefwechsel mit dem dreißig Jahre älteren Pfau liegt im Deutschen Literaturarchiv in Marbach, ebenso wie ein unvollendeter handschriftlicher Lebenslauf, den sie über ihren Freund verfasst hat und der vor allem zu den frühen Jahren Auskunft gibt. Die meisten Briefe, die sie an ihn geschrieben hat, sind dagegen verloren gegangen.

Anna Spier war wie Pfau Kunstkritikerin und Schriftstellerin. Sie heiratete mit zwanzig Jahren den um einiges älteren Samuel Spier, Mitbegründer der Sozialdemokratischen Partei. Er lebte als Privatgelehrter in Frankfurt.

In seinem Haus lernte Pfau Anna Spier kennen. Sie besuchte ihn – allein – in Stuttgart und im September 1888 trafen sie sich in München, wo Pfau über verschiedene Kunstausstellungen zu berichten hatte, um ihn bei seiner

Arbeit zu unterstützen. Noch Jahre später erinnert er sich wehmütig an diese gemeinsame Zeit.

Liebe Anna!

Du hast Dich gewiss in München und der Ausstellung herumgetrieben. Da hast Du bei dem einen oder andern Bilde wohl auch einige Mal an mich gedacht, und an unsere Besuche im Jahr 1888. Sowas kommt nicht wieder!

Pfaus offene Art zu schreiben, muss Anna Spier veranlasst haben, ihn um mehr Zurückhaltung zu bitten.

Liebe Anna!

Wie ich Sonntagmorgens aufstand, hatte ich eine recht freudige Überraschung, als ich einen Brief mit Deiner Hexenschrift auf meinem Schreibtisch liegen sah, und Deine Nachricht war mir eine liebe.

Allerbeste Grüße an Deinen Mann und Deine Kinder. Von Herzen

Dein L. P.

Dem kurzen Brief lag ein separates Blatt bei, auf dem seine eigentliche Antwort stand:

Dieser Brief ist hoffentlich so abgefasst, dass Du ihn Gretchen lesen lassen kannst. Es ist recht widerwärtig, wenn man sich nicht frei aussprechen kann. Du musst die Leute daran gewöhnen, dass Du ihnen vorliest, was für sie passt, und den Rest für Dich behältst. Nicht einmal über Deine häuslichen Beziehungen kann ich offen mit Dir reden, weil ja die Gretel nicht auf den Grund sieht. Wir haben uns freilich nichts zu schreiben, was nicht jedermann lesen dürfte, wenn alle Leute anständig und vernünftig wären; aber nichtsdestoweniger ist es eine unerquickliche Korrespondenz, wenn man nie weiß, wer dem Briefempfänger über die Schulter sieht beim Lesen, weil bei intimem Sichgehenlassen es wohl vorkommen kann, dass ein Wort falsch gedeutet, ein Satz anders verstanden wird, als er gemeint ist, und als Du ihn verstehst.

Pfau lag sehr an einer regelmäßigen Korrespondenz mit ihr. Blieben Briefe aus, beklagte er sich bitter.

Liebe Anna!

Es sind jetzt 14 Tage, dass ich Dir nach Frankfurt schrieb in der Hoffnung, mein Brief werde zugleich mit Dir dort ankommen.

Seit dieser Zeit bin ich ohne Nachricht von Dir. Gib also eine Urkund von Dir und lass nicht länger in Besorgnissen Deinen herzlich grüßenden
L. P.

Manchmal auch verklausuliert:

Heilbronn, 10. Juni 1889
Gasthof zur Eisenbahn
»Jetzt weiß er net, lebt mei Schatz, oder ist er tot.«
L. P.

Anna Spier schien Ludwig Pfau mit Geschenksendungen verwöhnt zu haben.

Liebe Anna!

Besten Dank für Deine hübsche Decke, auch die Zigarren sind sehr gut und hielten, was sie versprachen.

Ein andermal:

Liebe Anna!

Soeben schlägt es zehn Uhr, und da sitz ich in der vielgrusligen Malerbude, Deine Rosen vor mir und die Pfirsiche, von denen ich bereits zwei vertilgt habe.

Wenig später:

Liebe Anna!

Was denkst Du denn, dass Du mir wieder eine ganze Kiste voll Proviant schickst?

Bei traurigen Anlässen suchte Pfau Trost bei ihr:

Stuttgart, den 3. Aug. 1889
Liebe Anna!
Der Verlust meines Freundes Haußmann ist mir freilich sehr nahe gegangen; wir waren beide jeder der beste Freund des anderen und haben seit dem Jahr 48 so viel miteinander erlebt, gekämpft und durchgemacht. Wir bildeten gewissermaßen eine Art politisches oder vielmehr demokratisches Triumvirat in den sechziger Jahren, wo wir die demokratische Partei wieder aufrichteten: Haußmann, Mayer und ich. Nun ist Haußmann tot, Mayer liegt im Sterben, und jetzt ist die Reihe an mir. Nun, ich werd mich auch nicht zieren. Es ist was Unerfassliches in dem Gedanken, dass ein Mensch, mit dem man noch vor wenig Tagen herzlich verkehrte, auf einmal verschwunden ist, weggeblasen und nicht mehr zu finden, nie mehr!

Pfaus Briefwechsel mit Anna Spier beleuchtet außerdem seine schriftstellerische und politische Arbeit der letzten Jahre. Nach wie vor engagierte er sich neben seiner schriftstellerischen Tätigkeit im politischen Tagesgeschehen. Die Volkspartei führten in den 1880er Jahren sein Freund Friedrich Payer und die Zwillingssöhne seines besten Freundes, Conrad und Friedrich Haußmann, alle drei niedergelassene Rechtsanwälte in Stuttgart.

Pfau verfasste wie in alten Zeiten Flugblätter, Wahlaufrufe und programmatische Schriften.

Stuttgart, 11. Jan. 89
Liebe Anna!
In den letzten Wochen war ich wieder ziemlich angegriffen und habe nun Korrekturen und Revisionen auf dem Halse; denn mit den Gedichten bin ich schon am 10. Bogen.
Die Landtagswahlen, die vergangenen Mittwoch stattfanden, mit all der vorausgegangenen Agitation haben mir

auch etwas zugesetzt: Freund Conrad Haußmann wurde in Balingen glänzend – mit einem Mehr von 1.000 Stimmen – gewählt.

Auch kommunalpolitisch mischte er sich ein, etwa in der Frage, wo das neue Stuttgarter Rathaus hin sollte. Das Stadtoberhaupt wollte den Neubau in der Königstraße haben, Pfau unterstützte eine Bürgerinitiative, die den Marktplatz bevorzugte.

Liebe Anna!

Inzwischen ist hier der Kampf ums Rathaus – das heißt um die Platzwahl des Neubaus – wieder losgegangen, und ich musste die Feder wieder spitzen, obwohl ich immer noch nicht recht kopfwehfrei bin. Es kostet eben etwas längere Zeit. Ich schicke Dir ein Exemplar des veröffentlichten Flugblatts, aus dem Du hoffentlich ersehen wirst, dass ich noch nicht ganz dumm geworden bin.

Eine ganze Reihe von Briefen befasste sich mit der Mitwirkung an den beiden großen Denkmälern in seiner Heimatstadt Heilbronn, für den Arzt und Physiker Robert Mayer und Kaiser Wilhelm. Nach Kaiser Wilhelms Tod 1888 hatte man landauf, landab beschlossen, ihm Denkmäler zu setzen. Die meisten stellten ihn hoch zu Ross als Kriegshelden dar, häufig flankiert von Bismarck und Generalfeldmarschall Moltke, der den Erzfeind Frankreich besiegt hatte.

Pfau war entsetzt. In der Wochenzeitschrift *Die Nation* veröffentlichte er 1890 einen geharnischten Artikel *Zur Ästhetik des Denkmals* und erklärte dort:

Der chauvinistische Größenwahn und der tolle Milliardenschwindel des Jahres 1871 schienen sich hier in phantastischen Konzeptionen von pharaonenhaft übertriebener Ausdehnung noch einmal Rendezvous gegeben zu haben.

Der Entwurf des Berliner Bildhauers Otto Rieth, den das Heilbronner Denkmalkomitee bevorzugte, veranlasste ihn, einen vernichtenden Artikel in der Heilbronner Neckarzeitung zu schreiben. Im Beobachter führte er aus:

Es wäre daher die Stiftung des Deutschen Reiches, die Aufrichtung der nationalen Einheit zum Gegenstand einer hübschen Konzeption zu machen, bei welcher das Medaillon-Porträt des Kaisers wohl den Mittelpunkt der historischen Tatsache, aber nicht den Zielpunkt der plastischen Darstellung zu bilden hätte.

Seiner vertrauten Brieffreundin schüttete er sein Herz aus:

Heilbronn 23. Juni 1889
Liebe Anna!

Meinen Artikel über das Kaiserdenkmal wirst Du hoffentlich erhalten und daraus ersehen haben, dass meine Arbeit hier noch nicht zu Ende ist, obwohl wir die Hauptschlacht gewonnen haben. Unser Entwurf zum Mayerdenkmal wurde vom Komitee e i n s t i m m i g angenommen, und er erntete so allgemeinen Beifall, dass selbst die sonst so aufdringliche finanzielle Frage nicht mehr zu Wort kam. Das müsse ausgeführt werden, und das Geld müsse her, hieß es.

Was nun das Kaiserdenkmal betrifft, so liegt mir das selbstverständlich weniger am Herzen; aber ich kann doch nicht mit ansehen, dass man etwas Schlechtes macht, auch habe ich immer noch so viel Anhänglichkeit an die Vaterstadt – obwohl sie ein trauriges Nest von Bonzen und Parvenüs geworden ist –, dass ich ihr ein hübsches Denkmal gönne. War sie doch einmal auch eine freie Reichsstadt und wird sich wohl auch aus dem Sumpfe des heutigen Streberturns wieder herausarbeiten. Die Komiteehäupter sind zwar entrüstet über die „Grobheit" meines Artikels; natürlich, ein freies, frisches Wort können sie nicht mehr ertragen, und um Humor zu verstehen, sind sie viel zu ledern. Aber gleichviel! Den Rieth'schen Entwurf glaub ich ihnen doch verhauen zu haben, und im Übrigen sollen sie's jetzt finden und beraten. Wenn sie sich an mich wenden, werd ich ihnen für einen hübschen Entwurf sorgen, trotz meiner Abneigung gegen alles, was nach Fürsten und Kronen riecht; andernfalls sollen sie in Gottesnamen mit neuem Schund weiter das Land verunzieren.

Die Heilbronner wandten sich tatsächlich an ihn und Pfau sagte zu. Pfau und sein Konkurrent Rieth wurden beauftragt neue Entwürfe vorzulegen.

Pfau stellte die Person des Kaisers in den Hintergrund. Das Medaillon mit dem Porträtkopf Kaiser Wilhelms reduzierte er auf bloßes Beiwerk. Im Zentrum seines Denkmals sollte Germania, nicht als gerüstete Walküre, sondern als liebevolle Mutterfigur auf einem Stuhl sitzen, welche ihre beiden zerstrittenen Buben, den kriegerischen Norden und den liberalen Süden darstellend, versöhnend zusammenführt.

Pfau besprach seine Vorstellungen mit dem Münchner Bildhauer Wilhelm von Rümann, mit dem er bereits beim Robert-Mayer-Denkmal erfolgreich zusammengearbeitet hatte. Doch er hatte Mühe, seine Konzeption bei ihm durchzusetzen.

Liebe Anna,

In München hatte ich herrliches Wetter, aber alle Tage hatte ich in Rümanns Atelier zu tun. Es ging nicht ohne Streit ab. Mit der Hauptgruppe war ich gar nicht zufrieden, und er musste sie ganz neu machen. Er hatte sich von dem Victoria schreienden Chauvinismus noch nicht los-

machen können und der Germania ein großes Schwert in die Hand gegeben. Ich fragte ihn aber, ob er je gesehen habe, dass eine Mutter, die ihre Kinder versöhnen wolle, zu diesem Geschäft einen Säbel mitnehme? Und das konnte er schließlich selber nicht behaupten. Auch hatte er zwar dem Norden, wie ich wollte, ein Schwertlein in die Hand gegeben, dem Süden aber einen Helm, so dass beide kriegerische Embleme hatten und folglich nicht zu unterscheiden waren. Er musste nun dem Süden eine Traube geben und überhaupt die ganze Komposition, die falsch aufgebaut war, umkehren. Die Krone haltende Nike war leider schon abgegossen als ich kam; es wäre auch einiges an ihr auszusetzen, doch ist das weniger von Belang, und das Ganze macht sich jetzt recht gut und ist bereits fix und fertig nach Heilbronn abgegangen. Der Konkurrent Rieth ist aber noch nicht fertig und hat sich Frist bis zum 15.-20. Februar ausgebeten, so dass ich erst zu dieser Zeit nach Heilbronn gehen werde.

Rümanns Modell nach Pfaus Ideen kam an. Wenig später teilte er ihr mit:

Das Rieth'sche Modell ist scheusalig, noch schlechter als das erste, und die Annahme des unsrigen außer Zweifel.

Herrliche Zeiten?

Weinsberg, 1890

Der Weg führte ihn die Bahnhofstraße hinauf, vorbei am Gasthof zur Traube zum Kernerhaus. Das hatte sich ja mächtig verändert! Von dem eher bescheidenen Oberamtsarzthaus des alten Justinus war nicht mehr viel zu sehen. Theobald hatte es gründlich umbauen lassen. Wie eine italienische Villa kam ihm das Kernerhaus nun vor, mit dem Turm an der Seite und den mit Stuckornamenten gegliederten Fassaden.

Eine Hausbedienstete öffnete die Tür. Er gab ihr seine Karte und bat, ihn zu melden. Doch da kam Theobald schon die Treppe heruntergeeilt, empfing den Freund herzlich und führte ihn in den Salon.

Theobald schickte nach einem Krug Wein. „Oder möchtest du lieber einen steifen Grog? Rum hätten wir auch hier."

Pfau winkte ab. „Ein guter Roter wär mir schon recht."

Theobald reichte ihm Zigarren, Pfau wählte mit Sorgfalt aus, ließ sich den Zigarrenanschneider und dann Feuer geben und beide begannen zufrieden zu paffen.

„Ich hatte in Heilbronn wegen des Kaiserdenkmals zu tun und dachte mir, ich schau mal bei dir vorbei. Ich hätte das Kernerhaus fast nicht mehr wiedererkannt, aber schön ist es geworden! War sicher nicht ganz billig."

„Else hat das Baufieber richtig gepackt", erklärte Theobald, „und großzügig einiges aus ihrer Erbschaft in den Ausbau investiert. Leider musst du sie heute entschuldigen, sie ist noch bei ihrem Damenkränzchen. Sie wird untröstlich sein, wenn sie erfährt, du seist dagewesen. Sie genießt es, illustre Gäste zu empfangen."

Pfau runzelte die Stirn und winkte ab. „Da kann ich nicht mithalten. Ein Bändchen Gedichte, ein paar Schriften zur Kunst und einen Wust von Zeitungsartikeln, mit denen ich meist angeeckt bin. Immer noch der ambulante Scribifax, mal in Paris, mal in München. Und in Stuttgart ständig am Umziehen."

„Warum ziehst du nicht mit deiner Schwester Marie zusammen?", unterbrach ihn Theobald.

„Du scheinst Gedanken lesen zu können. Noch wohn ich allein am Wilhelmsplatz, aber ich sehe mich gerade nach einer größeren Wohnung um. Der ältere Herr, den Marie in Bern umsorgt hat, ist vor kurzem gestorben. Ob wir nicht gemeinsam haushalten wollten, habe ich vorsichtig bei ihr angefragt. Das Leben als Einsiedler wird mir allmählich zu beschwerlich und Marie müsste sich sowieso nach einer neuen Stellung umsehen, da wäre das für beide die beste Lösung."

Theobald nickte. „Du hast dich immer vorbildlich um sie gekümmert. Merkwürdig, dass ihr beide nicht geheiratet habt, weder sie noch du."

„Anläufe dazu habe ich ja mehrere genommen", verteidigte sich Pfau und bemühte sich, das Thema schnell zu wechseln. „Apropos illustre Gäste – man spricht davon, dass alles, was Rang und Namen hat, bei euch aus- und eingeht?"

Theobald lächelte hinterlistig. „Das müsste ich eigentlich Else erzählen lassen, da wäre sie in ihrem Element. Na ja, Kaiserin Sissi war im Kernerhaus, Clara Schumann und Richard Wagner mit seiner Frau Cosima. Die war ganz weg von Elses Eisbärenfell. Else befürchtete schon, ich würde es ihr schenken. Da hat sie gesagt: ‚Gnädige Frau, der Bär gehört mir!'"

Pfau schmunzelte. „Was hältst Du von Wagner, dem alten Antisemiten?"

Theobald runzelte die Stirn. „Hast du seine Schrift *Das Judentum in der Musik* gelesen?"

Pfau nickte: „Peinlich, als hätte Wagner es nötig, Kollegen wie Mendelssohn-Bartholdy wegen ihrer jüdischen Ahnen anzugreifen. Dabei hat ihn Mendelssohn in seiner frühen Musik stark beeinflusst."

„Vielleicht eben deshalb?"

Pfau ließ es sich nicht nehmen, seinen Freund weiter zu examinieren. „Kronprinz Friedrich war auch bei euch zu Besuch, hat man mir berichtet?

„Das war einige Jahre, bevor er Kaiser wurde. Leider ist er so früh verstorben. Ich habe mich sehr gut mit ihm unterhalten, obwohl ich anfangs skeptisch war. Kurz davor war der Zeremonienmeister aus seiner Entourage da und hat das ganze Haus gründlich inspiziert. Friedrich wollte das Kernerhaus allein aufsuchen, das behagte ihm gar nicht. Er hat uns so hochnäsig und von oben herab behandelt, dass ich am Tag des Besuchs demonstrativ die schwarz-rot-goldene Fahne auf dem Turm gehisst habe, statt der schwarz-weiß-roten."

„Was hat deine Else dazu gesagt?"

„Das willst du lieber nicht wissen", lachte Theobald.

„Und Friedrich?"

„Hat kein Wort darüber verloren. Auf diesen unseligen Krieg gegen Frankreich habe ich ihn angesprochen. Er hat nur genickt und gemeint: Wer ihn mitgemacht hat, würde nie wieder einen anfangen wollen."

Pfau nickte anerkennend. „Ich hätte ihm auch nicht so viel Vernünftiges zugetraut. Er war ein humaner Monarch und es ist ein Jammer, dass er nur ein paar Monate Kaiser war. Den Junkern und Bonzen in Preußen war er ein Gräuel. Die sind froh, dass er tot ist."

„Wer ist tot?" Else betrat den Raum, stutzte, dann steuerte sie auf Pfau zu und begrüßte ihn fröhlich. „Lässt du dich auch mal bei uns blicken, du alter Brummbär?"

Pfau stand auf und versuchte einen Handkuss. Else zog lachend ihre Hand zurück.

„Geschenkt!", rief sie, „wir sind doch unter uns!"

„Ich hab ihm von deinen berühmten Gästen erzählt", sagte Theobald zu seiner Frau, „und bedauert, dass du ihm nicht selbst berichten konntest."

„Willst du mich auf den Arm nehmen?" Else schlug mit ihrem Fächer nach ihm. „Baldi ist sehr kritisch mit unseren Besuchern, besonders wenn sie von Adel sind."

„Da hab ich ja noch mal Glück gehabt", versetzte Pfau nicht ohne Spott.

„Erinnerst du dich noch an unsere Begegnung mit Kaiser Wilhelm in Frankfurt?"

„Begegnung ist übertrieben", wehrte Theobald ab. „Wir haben ihm höchstens kurz in die Augen gesehen."

„Also das war so", begann Else und zog einen Stuhl heran, auf dem sie Platz nahm.

„Wir waren auf der Rückreise von Holland und machten im *Frankfurter Hof* Station. *Fast hätten wir keinen Platz mehr darin erhalten, da Kaiser Wilhelm dort erwartet wurde. Baldi hasste seit 1866 alle Preußen, ich aber liebte den alten Kaiser wegen seiner Güte und Bescheidenheit.*"

Theobald verdrehte die Augen, unterbrach sie aber nicht.

„Wir hatten unser Zimmer gegenüber seinen Gemächern. Ich zog meine besten Kleider an, kaufte mir Rosen und wartete, bis er drüben auf seinem Balkon erschien. Dann warf ich ihm meine Rosen und Kusshände hinüber und schrie aus Leibeskräften ‚Hurra'"!

Auf einmal sehe ich, wie sich das Gesicht des Kaisers verfinstert, wie alle auf meinen Balkon blicken, ich drehe mich herum und sehe Baldi, in seine Kapuzinerkutte gehüllt, mit gekreuzten Armen und drohenden Blicken hinter mir stehen. Schnell ging ich ins Zimmer zurück und wollte ihn ausschelten, aber er sagte ziemlich böse: „Wart, ich will dich lehren, mit den Preußen zu kokettieren!"

„Dann hattet ihr wegen Kaiser Wilhelm einen handfesten Ehekrach?", fragte Pfau und warf einen belustigten Blick zu Theobald.

„Ach was, Baldi kann nie lange böse sein", wehrte sie ab. „Aber er hat mir einen langen Vortrag über die Preußen gehalten, dass sie uns unsere Freiheit wegnehmen wollen und so weiter." Sie machte eine kurze Pause. „Bleibst du zum Essen? Ja? Das ist aber schön!"

Pfau fühlte sich ein bisschen überrumpelt, er hatte gar keine Möglichkeit gehabt, sich zu erklären.

„Ich kümmere mich darum!", rief sie, machte kehrt und fegte aus dem Zimmer.

*

„Ich wusste gar nicht, dass deine Frau so für den alten Kaiser schwärmt", frotzelte Pfau seinen Freund.

„Sie war damals noch ein junges Ding, inzwischen ist sie reifer geworden."

„Meinst du?", versetzte Pfau ironisch, dann wechselte er schnell das Thema.

„Was hältst Du von dem Enkel des Kaisers, dem schneidigen Wilhelm zwo?"

Theobald spottete: „ Herrlichen Zeiten will er uns entgegenführen – hat er zumindest versprochen."

Pfau zuckte die Schultern. „Er hat Bismarck zum Teufel gejagt. Das war ein guter Einstand. *Dass Bismarck endlich fort ist, ist die erste große Freude, die ich seit langem wieder einmal hatte. Diesen gemeinschädlichen Giftjunker wären wir nun doch glücklich los. Was den Kaiser betrifft, so scheint er guten Willen zu haben, ist aber noch arg grün und bildet sich wunder was ein auf seine Macht und Fähigkeit. Da es nicht mehr schlechter werden kann, so muss es ja in mancher Beziehung besser werden; gründliche Hilfe ist freilich nicht zu erwarten, denn dazu ist der junge Mann noch viel zu unklar in seinem Kopfe. Nun, er wird sich die Hörner schon noch verstoßen.*"

„Wart's ab. Es wird nicht lange dauern, dann hat er die Monarchie vollends demoliert. Seinem Großvater, dem ersten Wilhelm, hast du nun in Heilbronn zu einem Denkmal verholfen. Er wird dir dankbar dafür sein."

Pfau ärgerte die Stichelei seines Freundes. Doch zeigen wollte er es nicht. Ruhig erklärte er: „Die Hintergründe kennst du. Und im Übrigen habe ich dir schon mal gesagt: *Der Ästhetiker ging mit dem Politiker durch.* Ich konnte nun mal nicht zulassen, dass in Heilbronn ein Heldendenkmal des Kaisers errichtet wird, wie sonst überall. *Was den Kaisertrubel betrifft, so ist mir dieser politische Götzendienst rein zum Ekel, um so mehr, als der Kaiser ohnehin nur der Einband des deutschen Reichsepos war, und von den guten Eigenschaften, die man ihm zuschreibt, die wenigsten besaß. Er war im Grunde nichts als ein wohlerzogener Korporal.*"

„Der Korporal Bismarcks", fügte Theobald trocken hinzu.

Der unbequeme Ehrenbürger

Stuttgart, Heilbronn, 1894
Zu seinem 70. Geburtstag am 21. August 1891 hatte sich der Stadtrat Heilbronns nach kontrovers geführter Debatte dazu durchgerungen, ihn zum Ehrenbürger seiner Heimatstadt zu ernennen. Kurz davor war er aus der Heilbronner Bürgerliste gestrichen worden, da er es im Trubel der Ereignisse schlichtweg vergessen hatte, das Bürgergeld zu entrichten, das er all die Jahre regelmäßig eingezahlt hatte.

Doch verbracht hat er die letzten dreißig Jahre seines Lebens in Stuttgart, wo er häufig die Wohnungen wechselte. Zuletzt wohnte er mit seiner Schwester Marie zusammen in einer geräumigen Wohnung in der Wilhelmstraße.

Ida Schlesinger, der Tochter eines befreundeten Stuttgarter Kunsthändlers, berichtet er von einem Vorfall während seiner Wohnungssuche in der Zeit um seinen 70. Geburtstag.

Stuttgart, den 3. Sept. 1891
Lieber Racker!

In der Hoffnung, dass Du das Prädikat ‚lieber' immer mehr und den Titel ‚Racker' immer weniger verdienen wirst, ‚ergreife' auch ich ‚die Feder', um Dir zu antworten. Obwohl ich allerdings Wichtigeres oder wenigstens Notwendigeres zu tun hätte, indem ich von allen Gratulationsbriefen noch nicht einen einzigen beantwortete.

Dazu hat ein kleiner Unfall beigetragen, der mir zugestoßen ist; ich wurde nämlich in einem Haus in der Christophstraße, in welches ich wohnungssuchend eindrang, von einem Hund angefallen, der mir die rechte Wange fingerlang aufriss, so dass sie wieder zusammengeflickt werden musste. Soeben wurden von Oberstabsarzt Stall die Fäden wieder herausgezogen, der, als in der Nähe befindlich, gerufen worden war. Es heilt aber prächtig, und bis Du wieder hierherkommst, und der Bart wieder darüber gewachsen ist, wirst Du nichts mehr davon sehen.

Sehschwäche, Schwerhörigkeit und zunehmende Anfälligkeit für Erkältungskrankheiten machten ihm im Alter zu schaffen. Auf Anraten seines Arztes verbrachte er den Winter 1891/92 an der Riviera, in Menton und San Remo. Auf der Hinreise hielt er sich längere Zeit in Zürich und Genua auf. In Zürich besuchte er ein letztes Mal seine Jugendliebe Lisi. In einem Brief aus Menton an seine Stuttgarter Freunde schildert er ihr Wiedersehen.

Ihr Mann musste längst gestorben sein, aber Lisi konnte noch leben. Ich begab mich auf die Suche und hatte bald die Wohnung der Witwe aufgefunden. Nicht ohne eine gewisse schmerzliche Erregung stand ich zaudernd vor der dunklen Treppe des übrigens stattlichen Hauses.

„Ist es wohlgetan für euch beide", sagte eine Stimme zu mir – „nach so langen Jahren der Trennung das süße Bild der Jugend mit er herben Maske des Alters zu vertauschen?"

"Ei, ei!", sagte eine andere Stimme, "wer versprach denn seiner alten Flamme:

Da seh ich nicht die müden Wangen,
Der Jahre Furchen seh ich nicht?"

"Sachte!", erwiderte die erste, "das ist schön und gut, wenn man in Liebe alt geworden. Aber ein Intermezzo von vierzig Jahren, das wirkt wie ein Hohlspiegel, der die Runzeln vergrößert."

"Du wirst dich doch nicht fürchten, der Wahrheit ins Gesicht zu sehen?", flüsterte nun die zweite Stimme wieder, "das wäre das erste Mal!"

Da machte ich der Zwiesprache ein Ende, sagte zum Verstand: "Wart unten auf mich", zum Herzen: "Komm mit herauf", und stieg die Treppe empor.

Ein Dienstmädchen empfing mich und öffnete die Tür des Wohnzimmers. Ich trat ein. Gerade mir gegenüber, auf dem Sofa, hinter einem Tische mit weiblicher Arbeit, saß ein altes Mütterlein mit gefurchtem Antlitz, müden Augen und eingesunkenen Lippen. Ich las ihr mein eigenes Alter vom Gesicht ab und es fröstelte mich. Doch hatte in diesen Zügen offenbar nicht nur das Alter gehaust, sondern wohl auch Sorge und Krankheit.

Die durch den fremden Besuch erregte Neugierde des Mädchens machte sich noch im Zimmer zu schaffen, und da ich in dessen Gegenwart keine Erkennungsszene aufführen wollte, fragte ich die Greisin, ob sie mich noch kenne.

Ich dachte, der Klang der Stimme und der schwäbische Dialekt werde vielleicht ihre Erinnerung wachrufen.

Sie schaute mich prüfend an und sagte: "Nein!"

Ich gab ihr meine Karte. Sie konnte die Schrift nicht recht entziffern und nahm den Zwicker.

Da ging plötzlich ein verklärender Schimmer über ihr

Antlitz, ihre Augen leuchteten auf und sie gab mir die Hand.

„Ach, wie freut es mich", sagte sie, „dass Sie meiner noch gedenken. Auch ich habe oft an Sie gedacht und manche Nacht geweint, damals, als Sie so plötzlich von Zürich fortgemusst. Aber gegen das Schicksal ist nicht anzukämpfen, es ist stärker als wir. Das hab ich seit jener Zeit noch oft genug erfahren. Auch körperlich hat es mich getroffen, denn ich bin seit mehreren Jahren rückenleidend und kann nicht mehr gehen."

Während sie sich nun in unsere Jugenderinnerungen vertiefte und in wehmütiger Erregung eine Vergangenheit heraufbeschwor, die wohl seit vielen Jahren still und stumm in ihrer Seele geschlummert hatte, schien sie sich zu verjüngen, und durch die Hülle des Alters blitzte oft, wie eine Ahnung, ein Schimmer der jugendlichen Züge.

Während wir so sprachen und sie mir wiederholt ihre Freude über meinen Besuch ausdrückte, wobei sie meinen Arm fasste oder meine Hand ergriff, schaute die Limmat mit ihrem ansteigenden Ufer durchs Fenster, ein sonniger Streifen Landschaft, der noch ebenso lieblich glänzte wie vor vierzig Jahren. Die ewig junge Natur schien die verblühte Gegenwart mit der einst blühenden Vergangenheit durch ihr Zauberband verknüpfen zu wollen. Ich war froh, gekommen zu sein, da ihr mein Besuch eine unverhoffte Freude gemacht und gleichsam einen sonnigen Schimmer aus schöneren Tagen in ihr einsames Dasein geworfen hatte. Doch nun war es Zeit zum Scheiden. Lisi wollte mich durchaus begleiten. Sie hing sich an meinen Arm und gestützt auf ihren Stock ging sie mit mir bis an die Treppe. – Noch einmal Ade, auf Nimmerwiedersehen!

O Menschenherz!

Dein Erbteil ist der alte Schmerz,
Verwelken und vergehen!
An der Riviera genoss Pfau frühlingshafte Wintertage, dazwischen auch „scheußliches Schmuddelwetter", wie er seinen Freunden in Stuttgart berichtete, und schickte Anna Spier Blumen. „Du musst sie anschneiden und in lauwarmes Wasser stellen", merkte er mit gärtnerischem Sachverstand an.

Eigentlich wollte er weiter nach Rom und Neapel, schob aber die Reisepläne immer wieder auf. Schließlich war es Frühling geworden und er reiste zurück nach Stuttgart.

Täglich arbeitete er an seinem Schreibtisch, meist bis in den Abend hinein. Anna Spier schrieb er:

Was mich betrifft, so geht alles seinen gewohnten Gang, ich stecke tief in der Arbeit, komme nicht viel raus und bleibe gewöhnlich bis abends 8 oder halb 9 Uhr am Schreibtisch sitzen– bis mich meine Augen ermahnen aufzuhören.

Heute Abend gehe ich zu einer Partie Domino zu viert, einem sogenannten ‚Vierspänner'. Da ging ich freilich lieber zu einem Zweispänner in eine gewisse Straße einer gewissen Stadt; aber obwohl ein Pfau, bin ich doch kein „Vöglein". „Weils aber nit kann sein, bleib ich noch hier« und schicke Dir die schönsten Grüße ...

Meist war er abends im *Petersburger Hof* in der Eberhardstraße zu finden oder in der Weinwirtschaft *Gutscher* in der Rothebühlstraße. Gerne speiste er auch im Hotel Silber, dessen gehobene Küche er schätzte. Als er seiner Augen wegen Spezialisten in Würzburg und Wiesbaden aufsuchte, schrieb er an seinen Freund Schlesinger, er solle doch dafür sorgen, dass ihm nach seiner Rückkehr das Mittagessen vom Hotel *Silber* nach Hause geliefert würde. Außerdem bat er darum, ihm zwei bis drei Flaschen guten Rotwein zu besorgen, bis seine bestellte Weinlieferung eintreffe.

Parteifreund Friedrich Payer erinnert sich an die gemeinsamen Abende:

Seine Lebensgewohnheiten hatten noch etwas aus seiner französischen Zeit, er saß notgedrungen mit uns abends in den kleinen Stuttgarter Kneipen der damaligen Zeit, aber er trank nicht mit uns, sondern lebte sozusagen als Kaffeehausbesucher in der Kneipe. Hinter einer Tasse Kaffee oder auch einmal einem kalten Grog mit recht viel Zucker konnte er stundenlang sitzen. Eine Partie Domino nach Tisch war ihm fast Lebensbedürfnis, wenn er verlor, schimpfte er lachend.

Er konnte in größerer oder kleinerer Gesellschaft stundenlang zuhören, langsam an der geliebten Zigarre ziehend, womöglich einer echten, bisweilen in einer Tasse oder einem Glas herumrührend, ohne ein Wort zu sprechen. Fast war dies die Regel. Kaum, dass er in langen Pausen ein Wort in die Unterhaltung warf. Er konnte aber auch plötzlich mit recht lebhaften Einwänden oder Klarstellungen eingreifen, dann hatte seine Art zu sprechen etwas Eiferndes an sich, die Worte drängten sich dann förmlich. Hatte er einen recht guten Trumpf ausgespielt, konnte er triumphierend schmunzeln.

Doch es wurde allmählich einsamer um ihn. Die alten Freunde und Weggefährten starben ihm nach und nach weg. Bei Anna Spier beklagte er sich darüber und sprach davon, dass er nun bald an der Reihe sei.

Nun ich will mich auch nicht zieren. Der Tod an sich wäre ja nichts Schlimmes, wenn das verdammte Sterben nicht wäre.

Etwas flapsiger drückte sich sein Freund Theobald Kerner aus, der ihm im November 1890 schrieb:
Mein lieber Freund!
Das Klecksographiebüchlein meines Vaters, das ich Dir hier sende, hat mich zum ernsten Nachdenken gebracht. Ehe dreißig Jahre vergehen, bin ich hundert Jahre alt und dann – vielleicht auch etwas früher – heißt es: „Einsteigen in den Nachen des Charon und hinüber ins graue Hadesreich!"
Ich habe von jeher dem Satz gehuldigt: „Üb immer Treu und Rötlichkeit bis an dein kühles Grab!", und werde davon nicht abgehen und als Roter sterben, aber im Hades muss ich diese schöne Leuchtfarbe ablegen und werde ein Schwarzer, eine von den dunklen Gestalten, wie Du sie hier im Büchlein abgebildet findest, und auf einmal kommst auch du, lieber, guter roter Freund mir entgegen, schwarz wie die Nacht.

*

Pfaus Ende kam plötzlich und unerwartet. Noch im Februar 1894 hielt er sich in Heilbronn auf, um in der Frage des Kirchbrunnens, der neugestaltet wiederaufgebaut werden sollte, seinen Rat abzugeben. Bis zuletzt arbeitete er an der sechsbändigen Ausgabe seiner ästhetischen Schriften. Da traf ihn eines Abends hinter seinem Schreibtisch ein Schlaganfall, von dem er sich nicht mehr erholen sollte. Zwei Tage später, am 12. April 1894, starb Ludwig Pfau.

Seinem Willen gemäß, sollte sein Leichnam eingeäschert werden. Doch im Königreich Württemberg gab es kein Krematorium, da die Leichenverbrennung noch verboten war. So überführte man den Heilbronner Ehrenbürger nach einer großen Totenfeier in Stuttgart, auf der die Redner, darunter Conrad Haußmann, seine Verdienste für die Volkspartei hervorhoben, nach Heidelberg. Dort – im Großherzogtum Baden – gab es bereits ein Krematorium.

Für die Heilbronner Stadtväter aber tat sich ein neues Problem auf. Wohin mit der Asche? Auf dem Heilbronner Friedhof war eine Urnenbeisetzung nicht vorgesehen. Also nahm einer der Trauergäste Pfaus Urne mit nach Hause und stellte sie vorläufig in seinen Keller.

Viele Vorschläge wurden diskutiert. Sollte man die Urne in einem eigens gebauten Tempelchen im Alten Friedhof beisetzen? Sollte man damit warten, bis ein Ludwig-Pfau-Denkmal errichtet war und sie da unterbringen? Schließlich fand sich ein Platz in einer Nische des neu erbauten Leichenhauses auf dem Heilbronner Friedhof. Doch da kündigte sich schon das nächste Problem an: Sollte noch einmal eine eigene Trauerfeier in Heilbronn stattfinden? Auf Reden wollte man lieber verzichten. Glocken sollten auch nicht läuten, man befürchtete Einwände seitens der Kirche. So entschied sich der Gemeinderat auf die Beisetzung seines Ehrenbürgers unter „Beiziehung einer Musikkapelle zur Erhöhung der Feierlichkeit".

Karl Betz, Landtagsabgeordneter, Demokrat, Freimaurer und Vorsitzender der Heilbronner Friedensgesellschaft, verfasste dazu folgendes Gedicht:

Wieder ein Ratsbeschluss

„Was tun wir mit des Dichters Asche?",
So sprach der weise Rat,
„Wir geben ihr auf uns'rem Friedhof
Die letzte Ruhestatt.

Natürlich ohne Feier,
Wer weiß, was da passiert,
Dass nicht ein Mund, ein kecker
Ein freies Wort dort führt."

Das passt so recht zum Geist der Krämer,
Den man hier trägt zur Schau,
Heilbronn verdient zwar Millionen,
Doch keinen Ludwig Pfau.

Bei der Überführung der Urne auf den Heilbronner Friedhof ergriff Karl Betz das Wort zu einem Nachruf. Vertreter der Deutschen Volkspartei und der Sozialdemokratischen Partei schlossen sich an. Später stiftete Peter Bruckmann, demokratischer Politiker und Silberwarenfabrikant, eine große, reich verzierte kupferne Urne auf einem Marmorsockel mit dem Bildnis Ludwig Pfaus. Das Denkmal ist bis heute neben dem Portal der Leichenhalle auf dem Heilbronner Hauptfriedhof zu sehen.

Unbequem blieb der Heilbronner Ehrenbürger auch in den folgenden Jahrzehnten. Zwar benannte man eine Schule nach ihm, war aber 1982 der Meinung, es sei passender, sie nach dem Gewann *Staufenberg* zu bezeichnen, wo sie errichtet worden war. Die Wogen gingen hoch, die Umbenennung blieb.

Als schließlich eines Tages Pfaus Porträt aus der Galerie der Ehrenbürger im Heilbronner Rathaus verschwunden war, regte sich erneut Protest. Man witterte eine weitere Intrige gegen den unbequemen Ehrenbürger. Die Stadtverwaltung beschwichtigte. Ein drohender Wasserschaden hätte das dringend erforderlich gemacht. Pfau fand bald wieder zu seinem Platz zurück und blickt seitdem weiterhin kritisch auf die Heilbronner Stadtväter herab.

1987 schrieb Reinald Ullmann eine Dissertation über ihn. Ihr Titel macht deutlich, wie es um die Erinnerung an den Urvater der schwäbischen Demokratie stand: *Ludwig Pfau. Monographie eines vergessenen Autors.*

Im Vorfeld seines 100. Todestages besann sich die Stadt Heilbronn wieder auf ihren Ehrenbürger. Als die amerikanischen Soldaten nach dem Zwei-Plus-Vier-Vertrag abgezogen waren und ihre Schule von der Stadt übernommen wurde, gab man ihr den Namen *Ludwig-Pfau-Schule*. Das war 1993. Im selben Jahr startete der rührige Heilbronner Büchereidirektor Günther Emig eine Veröffentlichungsreihe, die *Ludwig-Pfau-Blätter*. Das Deutsche Literaturarchiv in Marbach gewann Emig anlässlich des 100. Todestages zu einer Aktion mit Ludwig-Pfau-Plakaten in der Heilbronner Fußgängerzone und einer Ausstellung in der Stadtbücherei. Außerdem gaben die Marbacher in der Reihe *Marbacher Magazin* ein Bändchen mit Zitaten, Bild- und Schriftquellen zu Ludwig Pfau heraus.

Seitdem ist es wieder still um Ludwig Pfau geworden. 2019 erinnerte Gerhard Raff in der *Stuttgarter Zeitung* an den 125. Todestag Pfaus. In seinem Artikel geht er auf den Umgang der Stadt Heilbronn mit ihrem Ehrenbürger ein. Kurz nach seinem Tod hatten die württembergischen Demokraten begonnen, für ein Denkmal in seiner Heimatstadt zu sammeln. Es wurde nie verwirklicht. Die Rücklagen seien der Inflation zum Opfer gefallen. „Vielleicht wird's was zu seinem 200. Geburtstag?", schloss Raff seinen Artikel. Pfau hätte vermutlich abgewinkt und gebrummt, was er in ähnlichen Situationen zu sagen pflegte: „Ich bin kein Festhammel!"

Nachwort

Dichter, Denker, Zeitkritiker, Europäer, unerschrockener Journalist, Freiheitskämpfer, konsequenter Demokrat und Föderalist – Ludwig Pfau repräsentiert das demokratische Deutschland als Gegenströmung zu Konservativismus und Monarchismus im Deutschen Kaiserreich bismarckscher Prägung. Chauvinismus, Antisemitismus, imperialistische Großmachtpolitik und Franzosenhass nahmen nach dem Sieg über den *Erbfeind* überhand, was schließlich zur Urkatastrophe des 20. Jahrhunderts, dem Ersten Weltkrieg, führte.

Obwohl es ihm und seinen demokratischen Freunden nicht gelang, sich gegen den Mainstream durchzusetzen, schuf er mit ihnen zusammen die Grundlagen, auf der die Mütter und Väter des Grundgesetzes weiterbauen konnten. Demokratie hat Geschichte. Von den Grundrechten der Verfassung von 1849 über die Verfassung der Weimarer Republik 1919 bis zum Bonner Grundgesetz von 1949 lässt sich eine Linie ziehen – trotz der verheerenden Verwerfungen in diesen hundert Jahren, zuletzt durch den Nazi-Terror 1933 bis 1945.

Pfau begründete zusammen mit seinen Freunden Julius Haußmann und Karl Mayer die Württembergische Volkspartei, aus der sich die Süddeutsche Volkspartei, die Deutsche Volkspartei und schließlich die FDP entwickelte. Das erste Treffen der liberalen Demokraten fand mit diesen Gründervätern 1866 in Stuttgart statt. Bis heute besinnen sich die Liberalen auf diese Tradition. Ihre Anfänge wurzeln im Kampf der württembergischen Demokraten für Freiheit, Volkssouveränität und Föderalismus. Von hier aus spannt sich ein Bogen bis zur Gründung der Bundesrepublik.

Theodor Heuss war sich dessen noch wohl bewusst. Über seinem Schreibtisch hing eine Fotografie Ludwig Pfaus. Von ihm stammt auch eine der ersten biographischen Skizzen. Heuss nannte ihn darin einen *Kerl von Widersprüchen* und tatsächlich ist Pfau nicht leicht einzuordnen.

Seinen Zeitgenossen galt er in erster Linie als Dichter. Begonnen hat er als schwäbischer Romantiker, als er mit zwanzig Gedichte im Stil seines frühen Mentors Justinus Kerner schrieb. Schnell wechselte er zur politischen Lyrik nach Heines Vorbild. Einzigartig ist er als Herausgeber des satirischen Karikaturenblatts *Eulenspiegel*. Es wurde in den Jahren der deutschen Revolution 1848/49 in Südwestdeutschland populär und einflussreich, wie kaum ein anderes Blatt dieses Genres.

Wie Heine gehört er zu den Journalisten, die in Frankreich und Deutschland gleichermaßen zu Hause waren und in beiden Sprachen ihre Artikel und Bücher verfassten. Wie er setzte sich Pfau für eine Versöhnung der beiden Völker ein. Den französischen Romancier Claude Tillier machte er durch die Übersetzung des Schelmenromans *Mon oncle Benjamin* auch in Deutschland bekannt. Aber er übersetzte auch die Schriften des Anarchisten Proudhon.

Doch in erster Linie sah er sich als Kunstkritiker, wie aus seinem kurzen handschriftlichen Lebenslauf hervorgeht, der im Deutschen Literaturarchiv in Marbach aufbewahrt wird. Als einer der ersten befasste er sich mit der Ästhetik der Fotografie, die damals neben die Malerei trat und auf deren weitere Entwicklung Einfluss nahm.

Als Kunstsachverständiger nahm er auch zwei Aufträge seiner Heimatstadt Heilbronn an und schuf zusammen mit dem Münchner Bildhauer Wilhelm von Rümann zwei Denkmäler, die heute noch im Stadtbild zu finden sind: Das Robert-Mayer-Denkmal und das Kaiser-Wilhelm-Denkmal. Letzteres macht deutlich, wie Pfau versuchte, die Erinnerungskultur zu beeinflussen. Friedemann Schmoll charakterisiert es folgendermaßen: *Es war Pfaus durch und durch demokratisches und antichauvinistisches Denken, das für die Eigenartigkeit des Erinnerungszeichens verantwortlich sein sollte. Es wollte die innere Einigung der nord- und süddeutschen Staaten ins Zentrum rücken. Im bald als „Denkmalpest" und „Denkmalsseuche" gescholtenen Nationalkult des militanten Kaiserreichs ist es die große Ausnahme.*

Als Politiker und kritischer Journalist ist Pfau auch heute ein Vorbild. Um für Meinungs- und Pressefreiheit zu kämpfen, scheute er kein Risiko und wurde dafür eingesperrt. Die vorliegende Romanbiografie setzt hier an. Sie möchte Ludwig Pfaus bewegten Lebensweg vor dem Hintergrund der Epoche des Nationalismus und Imperialismus in der zweiten Hälfte des 19. Jahrhunderts ins Licht rücken.

Conrad Haußmann, Sohn seines Freundes und Weggefährten Julius Haußmann, schrieb 1921 zu Pfaus 100. Geburtstag:

Ludwig Pfau erfüllte denkend und handelnd ein halbes Jahrhundert, [...] aus dem sich die Fundamente der Zeit aufgebaut haben, in der wir leben. Das war das merkwürdige Jahrhundert, welches in Deutschland republikanisch werden wollte und imperialistisch geworden war.

Personenverzeichnis

Berthold Auerbach
Auerbach war ein schwäbischer Dichter jüdischer Abstammung, bekannt und populär geworden vor allem durch seine *Schwarzwälder Dorfgeschichten*. Mit ihm und Hermann Kurz saß Pfau 1847 in der Redaktionsstube des *Deutschen Familienbuchs zur Belehrung und Unterhaltung* in *Karlsruhe*.

August Becher
Becher war Jurist, Abgeordneter der Nationalversammlung in der Frankfurter Paulskirche und Mitglied der provisorischen Reichsregierung. Er wurde des Hochverrats angeklagt und freigesprochen. Becher war später Mitglied des Stuttgarter Stadtrats und Landtagsabgeordneter der württembergischen Volkspartei.

Amalie Böhm
Sie war die Nichte des Stuttgarter Demokraten Karl Schickler, in dessen Haus sie Pfau kennenlernte. Beide wollten heiraten, aber sie starb plötzlich an einer Hirnhautentzündung.

August Bruckmann
Bruckmann wurde Ingenieur und widmete sich dem

Eisenbahnbau. Während der Revolution kommandierte er die Heilbronner Turnerwehr, die 1849 geschlossen auszog, um sich dem badischen Freiheitskampf anzuschließen. Er war Sohn des Heilbronner Unternehmers Georg Peter Bruckmann (Silberwarenfabrik).

Peter Bruckmann
Er war Unternehmer und Mitinhaber der Heilbronner Silberwarenfabrik Bruckmann, Mitbegründer und Vorsitzender des Deutschen Werkbunds und Ehrenbürger seiner Heimatstadt, außerdem Landesvorsitzender der Deutschen Demokratischen Partei Württembergs und Mitglied des Landtags. Er gehörte zu Pfaus engerem Freundeskreis aus der jüngeren Generation.

Moritz Hartmann
Der österreichische Schriftsteller und Demokrat war Abgeordneter der Nationalversammlung in der Frankfurter Paulskirche und nahm am badischen Freiheitskampf teil. Wie Pfau ging er ins Exil nach Paris. Pfau freundet sich mit ihm an und übersetzt mit ihm zusammen eine Sammlung bretonischer Volkslieder.

Julius Haußmann
Der Ludwigsburger Kaufmann, Publizist und Politiker floh wie seine Freunde Pfau und Mayer nach der Niederwerfung der Revolution in die Schweiz, kehrte aber zu seinem Prozess freiwillig zurück und wurde wegen Hochverrats zu einer mehrjährigen Festungshaft auf dem Hohenasperg verurteilt. Er gründete mit Karl Mayer und Ludwig Pfau 1864 die württembergische Volkspartei und war bis zu seinem Tode ein enger Freund und Weggefährte von Ludwig Pfau.

Conrad Haußmann
Der Sohn von Julius Haußmann war Rechtsanwalt in Stuttgart und als führender Politiker der württembergischen Volkspartei Landtags- und Reichstagsabgeordneter. Nach der Revolution 1918/19 war er Abgeordneter der verfassunggebenden Nationalversammlung und Reichstagsabgeordneter der Deutschen Demokratischen Partei. Ludwig Pfau war mit dem Sohn seines besten Freundes seit dessen Kindheit vertraut.

Friedrich Haußmann
Der Sohn von Julius Haußmann und Zwillingsbruder von Conrad Haußmann wurde ebenfalls Rechtsanwalt in Stuttgart und führender Politiker der württembergischen Volkspartei sowie Landtags- und Reichstagsabgeordneter. Ludwig Pfau war mit dem Sohn seines besten Freundes seit dessen Kindheit vertraut.

Heinrich Heine
Heine lebte in den 1840er und 1850er Jahren im selbst gewählten Exil in Paris. Er wurde Pfaus Vorbild, nachdem sich dieser von der Schwäbischen Romantik abgewandt hatte. Eine Begegnung beider in Paris ist nicht belegt, aber zu vermuten.

Moritz Kallmann
Kallmann, Jurist und Teilnehmer an der Revolution, war der erste Jude, der 1849 in den Heilbronner Gemeinderat einzog.

Justinus Kerner
Sein Haus in Weinsberg wurde zum Mittelpunkt der schwäbischen Romantiker. Kerner nahm Stellung im württembergischen Verfassungsstreit und setzte sich für

ein modernes Einkammersystem ein. Als scharfer Kritiker der Aristokratie war er Verfechter eines Bürgerkönigtums, worauf sich auch sein bekanntes Gedicht *Der reichste Fürst* bezog, das lange Zeit zu einer Art württembergischen Nationalhymne wurde. Ludwig Pfau kannte er von Kindheit an und wurde für diesen in der Jugendzeit zum dichterischen Vorbild.

Theobald Kerner
Wie sein Vater war Theobald Kerner Arzt und Dichter. Während der Achtundvierziger Revolution kommandierte er eine Kompagnie der Weinsberger Bürgerwehr und trat als Redner für die Demokraten auf Volksversammlungen auf. Er kannte Ludwig Pfau seit dessen Kindheit. Nach der Revolution leitete er in Bad Cannstatt eine eigene neurologische Klinik, bevor er nach dem Tod des Vaters dessen Haus und Praxis in Weinsberg übernahm. Wenige Jahre nach seiner Haft auf dem Hohenasperg wegen Aufrufs zum Hochverrat ernannte ihn König Wilhelm I. von Württemberg, den er in Bad Cannstatt erfolgreich behandelt hatte, zum Hofrat.

Karl von Köstlin
Köstlin war Jurist, Demokrat und leitete das neu erbaute Heilbronner Zellengefängnis, in dem Ludwig Pfau 1877 für drei Monate einsaß. Er freundete sich mit Ludwig Pfau an und dieser war nach seiner Haft in Heilbronn häufiger Gast in seiner Dienstwohnung auf dem Gefängnisgelände. Köstlin war Cousin des Demokraten und engen Freundes von Ludwig Pfau, Karl Mayer.

Hermann Kurz
Der Schriftsteller und Journalist arbeitete 1847 zusammen mit Ludwig Pfau und Berthold Auerbach als Re-

dakteur beim *Deutschen Familienbuch zur Belehrung und Unterhaltung*. Ludwig Pfau taucht bei seiner Reise aus dem Pariser Exil nach Süddeutschland bei ihm in Stuttgart unter.

Isolde Kurz

Die Tochter von Hermann Kurz wurde ebenfalls Schriftstellerin. Sie berichtete vom Aufenthalt Ludwig Pfaus 1857 in der Wohnung ihrer Eltern in Stuttgart. In den 1880er Jahren lebte sie in Florenz und besuchte mehrfach Ludwig Pfau in Stuttgart.

Lisi

Pfau nennt in einem ausführlichen Brief nur ihren Vornamen. Sie war die Tochter eines seiner Hauswirte während seines Exils in der Schweiz. Pfau verliebte sich in sie, wurde aber bald darauf aus Zürich ausgewiesen.

Karl Mayer

Der Sohn des gleichnamigen Dichters und engen Freundes von Justinus Kerner war Jurist, Unternehmer, Chefredakteur und Mitinhaber des Beobachters, nach der Revolution Abgeordneter des württembergischen Landtags und des Reichstags. Er gründete mit Julius Haußmann und Ludwig Pfau die württembergische Volkspartei und war einer der engsten Freunde Pfaus.

Eduard Mörike

Der von Pfau verehrte Dichter und Freund Theobald Kerners lebte wie Pfau in Stuttgart. Pfau gab ihm seine Gedichte zur Begutachtung.

Friedrich Payer

Der Stuttgarter Rechtsanwalt, Demokrat, Stuttgarter Gemeinderat, Abgeordneter der Demokratischen Volkspartei in Württemberg und im Reichstag gehörte zum engeren Freundeskreis Ludwig Pfaus aus der jüngeren Generation.

Philipp Pfau

Der Heilbronner Kunstgärtner, Rosenzüchter und Landschaftsgärtner war 1848 Gründungsmitglied des Vaterländischen Vereins seiner Heimatstadt. In der Gärtnerei seines Vaters wuchs Ludwig Pfau auf, arbeitete dort, bevor er sich zum Philosophiestudium in Tübingen entschloss. Der Vater pflegte engen Kontakt zu Justinus Kerner. Als Knabe wurde Ludwig Pfau häufig als Bote ins Kernerhaus nach Weinsberg geschickt.

Franziska Pfau, geb. Buxbaum, war die Mutter Ludwig Pfaus.

Theodor Pfau

Ludwig Pfaus Bruder wanderte 1849 mit seinem Vater nach Amerika aus. Nach dessen Tod gründete er in Cincinnati eine Handelsgärtnerei.

Marie Pfau

Nach dem frühen ihrer Eltern kümmerte sich Ludwig Pfau um seine Schwester. Mit ihr verbrachte er im selben Haushalt seine letzten Lebensjahre in Stuttgart.

Gustav Adolf Pfau

Er war der jüngste Bruder Ludwig Pfaus und wanderte mit seinem Vater nach Amerika aus, wo sich seine Spuren verlieren.

August Ruoff

Der Heilbronner Buchdrucker, Verleger und Politiker war Vorsitzender des demokratischen Vereins in Heilbronn und schloss sich den Kämpfen der badischen Armee gegen Preußen und den Deutschen Bund an. Danach floh er in die Schweiz.

Franz Sigel
Der badische Offizier wurde nach der Flucht des Großherzogs 1849 Kriegsminister der badischen Republik. Pfau gewann ihn für den Plan, zusammen mit den Bürgerwehren des Oberamts Heilbronn in Württemberg einzumarschieren, was an der von Prinz Wilhelm von Preußen geführten Invasion in Baden scheiterte. Er wanderte in die USA aus und nahm als führender General auf Seiten der Nordstaaten am Amerikanischen Bürgerkrieg teil.

Anna Spier
Die Schriftstellerin und Frau des Sozialdemokraten Samuel Spier war Pfaus enge Vertraute in seinem letzten Lebensjahrzehnt. Von ihr stammt eine handschriftlich verfasste biographische Skizze der frühen Jahre Pfaus.

Friedrich Theodor Vischer
Der Philosoph, Schriftsteller, Abgeordneter der Frankfurter Paulskirche und Professor in Tübingen wurde wegen religionskritischer Äußerungen in seiner Antrittsvorlesung zwei Jahre bei vollen Bezügen mit Vorlesungsverbot belegt. Pfau freundete sich in dieser Zeit mit ihm an. Während der Revolution gingen ihre Wege auseinander, da Vischer eine gewaltsame Erhebung ablehnte.

Minna Widmann
Sie war die Tochter des Heilbronner Fabrikanten Johann Jakob Widmann, der in Heilbronn-Neckargartach eine Papierfabrik betrieb. Bis Anfang der 1840er Jahre wohnte Widmann mit seiner Familie in unmittelbarer

Nähe der Pfau'schen Gärtnerei. Ludwig und Minna waren Nachbarskinder, verliebten sich und wollten heiraten, doch Pfaus Flucht 1849 ins Exil trieb sie auseinander. Pfau war damals 28 Jahre alt, Minna 23. Mit ihrer Mutter folgte sie ihrem Vater nach Amerika, heiratete dort und starb wenige Monate danach.

Wilhelm, Prinz von Preußen, ab 1871 Kaiser Wilhelm I.
Prinz Wilhelm war seit 1840 Thronfolger und Schwiegervater von Großherzog Friedrich von Baden. Im März 1848 ließ er mit Kanonen auf die revoltierenden Berliner schießen und erhielt deshalb den Spottnamen *Kartätschenprinz*. König Friedrich Wilhelm IV. hielt es für angebracht, ihn wegen seines harten Vorgehens eine Zeitlang aus Berlin zu entfernen. Inkognito als Kaufmann Wilhelm Oelrichs floh er nach London. Doch bereits im Juni kehrte er nach Berlin zurück. Ein Jahr später leitete er das Oberkommando der Bundestruppen gegen die Pfalz und Baden. Dort war der Großherzog geflohen und eine provisorische Regierung eingerichtet worden. Nach dem Sieg führte ihn Prinz Wilhelm auf den Thron in Karlsruhe zurück. 1871 bis 1888 war er deutscher Kaiser. Nach seinem Tod wurden ihm überall in Deutschland Denkmäler errichtet. So auch in Heilbronn.

Kaiser-Wilhelm-Denkmal
im Alten Friedhof in Heilbronn

Zeitleiste

1821

Am 25. August wird Ludwig Pfau in Heilbronn als Sohn des „Kunstgärtners" Philipp Pfau geboren. Mit Karl Mayer und Theobald Kerner besucht er zur selben Zeit das Heilbronner Gymnasium. Als Kind ist er häufig im Haus des Dichterarztes Justinus Kerner in Weinsberg, der ihm zum Vorbild für eigene lyrische Versuche wird.

1839

Nach dem Gymnasium arbeitet er zunächst bei seinem Vater als Gärtner, der ihn in die Nähe von Paris in eine große Handelsgärtnerei als Volontär schickt. Pfau gibt schnell das Volontariat auf und studiert in Paris Literatur und Kunst mit dem Ziel, Kunstmaler zu werden. Da ihn sein Vater wegen dieses Schrittes nicht mehr finanziell unterstützen will, schlägt er sich als Kolorist und Porträtzeichner durch.

1841

Rückkehr zu seinem Vater nach Heilbronn. Der Zwanzigjährige veröffentlicht ein Buch „Über Botanik. Nach Claudius". Und bereitet eine Sammlung seiner Gedichte vor, die ein Jahr später erscheint.

1844

Beginn eines Philosophiestudiums in Tübingen. Pfau

schreibt Beiträge für *Cottas Morgenblatt für gebildete Stände*.

1847

Zusammen mit Berthold Auerbach und Hermann Kurz arbeitet Pfau als Redakteur beim *Deutschen Familienbuch* in Karlsruhe. Im Austausch mit beiden entwickelt Pfau den Plan, ein satirisches Karikaturenblatt *(Eulenspiegel)* zu gründen.

1848

Im Januar erscheint die erste Ausgabe des *Eulenspiegels*, der während der Revolutionszeit schnell zu einem großen Erfolg wird.

1849

Pfau organisiert als Mitglied des Württembergischen Landesausschusses der demokratischen Volksvereine zusammen mit August Becher ein Treffen von Delegierten der württembergischen Volksvereine und Bürgerwehren in Reutlingen, das Auftakt zu einer Volkserhebung in Württemberg werden soll.

Nach dem Scheitern des Plans schließt sich Pfau dem Kampf der badischen Truppen gegen die preußische Invasion an und flieht nach deren Niederlage in die Schweiz.

1850

Im Schweizer Exil veröffentlicht Pfau *Sonette für das deutsche Volk auf das Jahr 1850*.

1852

Pfau wird in Abwesenheit wegen Hochverrats zu 21 Jahren Zuchthaus verurteilt. Um einer Ausweisung aus der Schweiz zuvorzukommen, geht er nach Paris, wo er sich bald als Kunstkritiker, Korrespondent für verschiedene Blätter in Frankreich und Deutschland sowie als Übersetzer einen Namen macht. Längere Aufenthalte führen ihn Anfang der 1860er Jahre nach London, Antwerpen und Brüssel.

Sein Vater stirbt 1852 in Ohio. In derselben Zeit wandert seine Jugendliebe Minna mit ihrer Mutter ebenfalls aus und stirbt wenig später in Kalifornien.

1857

Unter dem Pseudonym Mr. Peter besucht Pfau als angeblicher Engländer Wildbad, Stuttgart und Germering in Bayern, wo er seine Mutter und seine Schwester trifft.

1862

Eine Generalamnestie König Wilhelms I. hebt die Urteile gegen die Teilnehmer der Revolution 1848/49 auf.

1863

Übersiedlung nach Stuttgart. Mitarbeit beim *Beobachter*, dem Oppositionsblatt der Demokraten, dessen Chefredakteur der ebenfalls aus dem Exil zurückgekehrte Karl Mayer wird.

1864

Mit Karl Mayer und Julius Haußmann reorganisiert Pfau die württembergische Volkspartei, eine Vorläuferin der heutigen FDP, entwirft Parteiprogramme und schreibt Artikel für den Beobachter.

1865

Pfau hält sich längere Zeit in Augsburg auf und schreibt Artikel über zeitgenössische Kunst für die *Augsburger Allgemeine Zeitung*.

1869

Pfau schreibt für die 1866 entstandene, demokratische *Frankfurter Zeitung* und hält sich längere Zeit in Paris auf.

1877

Pfau wird wegen Beleidigung der preußischen Regierung angeklagt, weil er sich in einem Zeitungsartikel kritisch gegen die preußische Kulturpolitik geäußert hatte. Seine Verteidigungsrede vor der Frankfurter Strafkammer erscheint in einem Sonderdruck, der in einer Auflage von 50.000 Exemplaren in ganz Deutschland verbreitet wird. Er wird zu drei Monaten Haft verurteilt, die er im Heilbronner Gefängnis antritt, wo er die Solidarität des Gefängnisdirektor Köstlin und vieler Heilbronner Bürgerinnen und Bürger erfährt.

Weitere Presse-Prozesse gegen Pfau folgen. Pfau wird wegen seiner unerschrockenen Auftritte vor Gericht von der demokratischen Opposition gefeiert.

1886

Pfau engagiert sich erfolgreich in einer Stuttgarter Bürgerinitiative, die das neue Rathaus in der Königstraße verhindern will und dafür einen Neubau am Marktplatz fordert.

1888

Längerer Aufenthalt in München.

In der Deutschen Verlagsanstalt erscheint die auf sechs Bände angelegte Sammlung seiner „Ästhetischen Schriften" unter dem Titel „Kunst und Kritik".

1889 bis 1893

Nach Pfaus Entwürfen entstehen zwei Denkmäler für seine Heimatstadt Heilbronn, das Robert-Mayer-Denkmal und das Kaiser-Wilhelm-Denkmal.

1891

Nach kontroverser Diskussion im Heilbronner Stadtrat wird Ludwig Pfau zu seinem 70. Geburtstag die Ehrenbürgerschaft verliehen.

1894

Pfau stirbt in Stuttgart an den Folgen eines Schlaganfalls. Da in Württemberg die Einäscherung noch verboten ist, wird diese in Heidelberg vorgenommen und seine Asche nach Heilbronn gebracht, wo die von der Fabrikantenfamilie Bruckmann gestiftete Schmuckurne nach längerem Suchen nach einem geeigneten Platz in einer Nische der neuen Leichenhalle aufgestellt wird.

Quellenhinweise

Längere im Text kursiv gesetzte und wörtlich übernommene Zitate sind im Folgenden nach Seitenzahlen angegeben.

Vorspann

Conrad Haußmann, Ludwig Pfau zu seinem hundertsten Geburtstag, Stuttgarter Neues Tagblatt, 23. 8. 1921

Theodor Heuss, Schwaben. Farben zu einem Porträt, Tübingen 1967, S. 158

S. 18

Justinus Kerner an Sophie Schwab, 9. 9. 1843

S. 19

Ludwig Pfau, Gedichte, 4. Auflage, Stuttgart 1889, S. 333 f.

S. 30

Richard Lauxmann, Weinsberg im Munde der Dichter und Sänger, 2. Auflage, Tübingen 2005, S. 16

S. 31

zit. nach Theobald Kerner, Das Kernerhaus und seine Gäste, Stuttgart, 1894, S. 232 f.

Heilbronner Tagblatt, 12. 4. 1848

S. 32

Franziska Güthler, Heilbronn 1848/49. Die Rolle von

Militär und Bürgerwehr in der Revolution, Quellen und Forschungen zur Geschichte der Stadt Heilbronn, 16, Heilbronn 2003, S. 142

S. 33
Ebenda, S. 141

S. 34
Ulrich Maier, Wer Freiheit liebt... – Theobald Kerner, Dichter, Zeitkritiker und Demokrat, Weinsberg 1992, S. 37 f.

S. 42
Ebenda, S.

S. 56
Rainer Schimpf u. a., Freiheit oder Tod, die Reutlinger Pfingstversammlung und die Revolution 1848/49, Reutlingen 1998, S. 45

S. 72
Ebenda, S. 45

S. 84 f.
Wilhelm Steinhilber, Die Heilbronner Bürgerwehren 1848 und 1849 und ihre Beteiligung an der badischen Mai-Revolution des Jahres 1849, Veröffentlichungen der Stadt Heilbronn, Heft 5, Heilbronn 1959, S. 141 f.

S. 84
Brief an Karl Mayer vom 5. 5. 1850. Online-Briefedition von Günther Emig: http://www.ludwig-pfau.de/index.php/ludwig-pfau/36-briefe

S. 88
Agentenbericht aus Zürich vom 6. 9. 1851, zit. nach Reinald Ullmann, Ludwig Pfau, Monographie eines vergessenen Autors, Europäische Hochschulschriften, Reihe I,

Deutsche Sprache und Literatur, Band 1912, Frankfurt am Main, 1987 S. 122

S. 91 f.
Richard Zanker, Ludwig Pfau und die Frauen, in: Schwäbische Heimat Nr. 391 vom 25. 8. 1921

S. 94 f.
Marcel Herwegh, Briefe von und an Georg Herwegh, München 1898, S. 303

S. 96
Ludwig Pfau an die Berner Regierung, zit. nach Reinald Ullmann, Ludwig Pfau, Monographie eines vergessenen Autors, Europäische Hochschulschriften, Reihe I, Deutsche Sprache und Literatur, Band 1912, Frankfurt am Main, 1987, S. 127

Ludwig Pfau an Karl Mayer, ebenda

S. 97
Ebenda

S. 100
Heinrich Heine, Nachgelesene Gedichte 1845-1856, in: Sämtliche Gedichte, Stuttgart 1997, S. 825

S. 101
Heinrich Heine, Im Oktober 1849, Heinrich Heine Werke, Wiesbaden, 1966, 2. Band, S. 292

S. 101 f.
Ludwig Pfau, Badisches Wiegenlied, Ludwig Pfau, Ausgewählte Werke, herausgegeben von Rainer Moritz, Tübingen und Stuttgart, 1993, S. 58 f.

S. 103
Heinrich Heine, Deutschland. Ein Wintermärchen, Hein-

rich Heine Werke, Wiesbaden, 1966, 2. Band, S. 96

S. 104
Ludwig Pfau im September 1853 an Karl Mayer, zit. nach Reinald Ullmann, Ludwig Pfau, Monographie eines vergessenen Autors, Europäische Hochschulschriften, Reihe I, Deutsche Sprache und Literatur, Band 1912, Frankfurt am Main, 1987, S. 146

S. 120
Ludwig Pfau am 22. 11. 1853 an Berthold Auerbach, ebenda, S. 156

S. 129 f.
Isolde Kurz, Hermann Kurz, 1919, zit. nach Michael Kienzle und Dirk Mende, Ludwig Pfau. Ein schwäbischer Radikaler 1821-1894, Marbacher Magazin 67/1994, Deutsche Schillergesellschaft Marbach am Neckar, 1994, S. 56

S. 131 f.
N. N. Ludwig-Pfau-Anekdoten, in: Der Beobachter 33, 20. 8. 1921

S. 136
Erlass des württembergischen Innenministeriums an die Stadtdirektion Stuttgart vom 19. 8. 1857, zit. nach Reinald Ullmann, Ludwig Pfau, Monographie eines vergessenen Autors, Europäische Hochschulschriften, Reihe I, Deutsche Sprache und Literatur, Band 1912, Frankfurt am Main, 1987, S. 157

S. 139 f.
Richard Zanker, Ludwig Pfau und die Frauen, in: Schwäbische Heimat Nr. 391 vom 25. 8. 1921

S. 144
Ludwig Pfau an Karl Mayer, 16. 12. 1859, zit. nach Reinald Ullmann, Ludwig Pfau, Monographie eines vergessenen Autors, Europäische Hochschulschriften, Reihe I, Deutsche Sprache und Literatur, Band 1912, Frankfurt am Main, 1987, S. 158

S. 145
Ludwig Pfau an Karl Mayer, ebenda, S. 158

S. 146
Brief an Karl Mayer, Dezember 1859, Online-Briefedition von Günther Emig: http://www.ludwig-pfau.de/index.php/ludwig-pfau/36-briefe

S. 147
Ludwig Pfau an Julius Haußmann, Dezember 1862, ebenda

S. 154
Ludwig Pfau, Als es mir träumte, ich sei Fürst geworden, Eulenspiegel Nr. 13, 1848, S. 113

S. 155 f.
Ludwig Pfau, Mein Onkel Benjamin, Stuttgart, 1866, Vorwort

S. 157 f.
Richard Zanker, Ludwig Pfau und die Frauen, in: Schwäbische Heimat Nr. 391 vom 25. 8. 1921

S. 158
Ludwig Pfau, Centralisation und Föderation, in: Der Beobachter, 23. und 29. 4. 1864

S. 161
Erklärung des Volksvereins Rottweil, Der Beobachter vom 21. Juli 1870

Ludwig Pfau, Preußische Ethik und Polemik, 1881

S. 162

Inge und Rainer Wild, Mörike Handbuch, Stuttgart 2004, S. 46

S. 163 f.

Ludwig Pfau, Die Kunstausstellung in München II, in: Frankfurter Zeitung, 5. 7. 1876

S. 164

zit. nach Reinald Ullmann, Ludwig Pfau, Monographie eines vergessenen Autors, Europäische Hochschulschriften, Reihe I, Deutsche Sprache und Literatur, Band 1912, Frankfurt am Main, 1987, S. 30

S. 167 f.

Pfaus Frankfurter Prozess, in: Der Beobachter, 23. 2. 1877, Kienzle, S. 92 f.

S. 169

zit. nach Michael Kienzle und Dirk Mende, Ludwig Pfau. Ein schwäbischer Radikaler 1821-1894, Marbacher Magazin 67/1994, Deutsche Schillergesellschaft Marbach am Neckar, 1994, S. 93

Pfaus Frankfurter Prozess, in: Der Beobachter, 23. 2. 1877

S. 176

Friedrich Payer, Erinnerungen an Ludwig Pfau, 1922, Kienzle, S. 94

S. 177

Ludwig Pfau, Eine Fabel, Frankfurter Zeitung vom 6. 7. 1878

S. 178

Ludwig Pfau, Der Pressprozess des Staatsanzeigers für

Württemberg gegen Ludwig Pfau, Sonderdruck aus dem Beobachter, Stuttgart o. J. (1884)

S. 179
Der Beobachter vom 28. und 29. 9. 1881
Online-Briefedition von Günther Emig: http://www.ludwig-pfau.de/index.php/ludwig-pfau/36-briefe

S. 181
Ludwig Pfau, Der Pressprozess des „Staatsanzeigers für Württemberg" gegen Ludwig Pfau , Stuttgart o. J. (1884)

S. 183
Der Beobachter vom 26. 6. 1883, Kienzle, S. 97

Ludwig Pfau, Der Pressprozeß des Staatsanzeigers für Württemberg, 1883, Ullmann, S. 279

S. 184 ff.
(Kapitel „Liebe Anna"): Online-Briefedition von Günther Emig: http://www.ludwig-pfau.de/index.php/ludwig-pfau/36-briefe

S. 197
Else Kerner, Aus meinem Leben. Erinnerungen nach Tagebuchblättern, Justinus-Kerner-und Frauenverein Weinsberg, 1967, S. 14 f.

S. 198
Briefe an Anna Spier vom 7. 5. 1890 und 3. 3. 1892, Online-Briefedition von Günther Emig: http://www.ludwig-pfau.de/index.php/ludwig-pfau/36-briefe

Online-Briefedition von Günther Emig: http://www.ludwig-pfau.de/index.php/ludwig-pfau/36-briefe

S. 200
Ebenda

S. 200 f.
Online-Briefedition von Günther Emig: http://www.ludwig-pfau.de/index.php/ludwig-pfau/36-briefe

S. 201 ff.
Brief Ludwig Pfaus im Winter 1891 aus Menton an seine Freunde in Stuttgart, zit. n. Richard Zanker, Ludwig Pfau und die Frauen, in: Schwäbische Heimat Nr. 391 vom 25. 8. 1921

S. 204
Online-Briefedition von Günther Emig: http://www.ludwig-pfau.de/index.php/ludwig-pfau/36-briefe

S. 205
Friedrich Payer. Erinnerungen an Ludwig Pfau, 1921

S. 206
Theobald Kerner an Ludwig Pfau, November 1890, zit. nach Kienzle, S. 124

S. 207
Stadtarchiv Heilbronn, ZS Karl Betz

S. 212
Friedemann Schmoll, Hundert Jahre Kaiser-Wilhelm-Denkmal, in: Schwaben und Franken, Heimatgeschichtliche Beilage der Heilbronner Stimme, 39. Jahrgang, Nr. 4, April 1993, S. 2

S. 213
Conrad Haußmann, Ludwig Pfau zu seinem hundertsten Geburtstag, Stuttgarter Neues Tagblatt, 23. 8. 1921

Literatur

Günther Emig (Hrsg.), Ludwig Pfau-Blätter, Hefte 1-3, Heilbronn 1993, 1994

Günther Emig, Ludwig Pfau, Leben und Werk (Online-Publikation: http://www.ludwig-pfau.de/)

Karlheinz Fingerhut, Der im Zitat anwesende Heinrich Heine. Anspielungen, Reminiszenzen, Kontrafakturen in Gedichten Ludwig Pfaus, in: Heine-Jahrbuch, 28, 1989, S. 158-197

Franziska Güthler, Heilbronn 1848/49. Die Rolle von Militär und Bürgerwehr in der Revolution, Quellen und Forschungen zur Geschichte der Stadt Heilbronn, 16, Heilbronn 2003

Marcel Herwegh (Hrsg.), Briefe von und an Georg Herwegh, München 1898

Conrad Haußmann, Ludwig Pfau zu seinem hundertsten Geburtstag, Stuttgarter Neues Tagblatt, 23. 8. 1921, Sonderdruck

Theodor Heuss, Ludwig Pfau, in: ders., Schwaben. Farben zu einem Portrait, Tübingen 1967, S. 149-159

Michael Kienzle und Dirk Mende, Ludwig Pfau. Ein schwäbischer Radikaler 1821-1894, Marbacher Magazin 67/1994, Deutsche Schillergesellschaft Marbach am Neckar, 1994

Beate Kube, Der Menschheit verpflichtet – Ludwig Pfau (1821-1894), in: Heilbronner Köpfe II, Kleine Schriftenreihe des Archivs der Stadt Heilbronn, Heilbronn 1999

Ulrich Maier, Borussiam esse delendam. Ludwig Pfau, in: Vom Fels zum Meer, Preußen und Südwestdeutschland, Stuttgarter Symposion, Schriftenreihe, Band 10, Stuttgart 2002

Ulrich Maier, Wer Freiheit liebt... – Theobald Kerner, Dichter, Zeitkritiker und Demokrat, Weinsberg 1992

Friedrich Payer, Erinnerungen an Ludwig Pfau, in: Von schwäbischer Scholle. Kalender für schwäbische Literatur und Kunst 1922, Heilbronn 1921

Ludwig Pfau, Ausgewählte Werke, hrsg. von Rainer Moritz, Tübingen und Stuttgart, 1993

Ludwig Pfau, Freiheit ist das schönste Fest. Zeit- und Sinngedichte. Hrsg. und mit e. Nachwort von Erhard Jöst, Günther Emigs Literatur-Betrieb, Niedestetten 2020

Paul Rothmund und Eberhard R. Wiehn, Die F.D.P./DVP in Baden-Württemberg und ihre Geschichte, Landeszentrale für politische Bildung, Schriften zur politischen Landeskunde Baden-Württembergs, Bad 4, Stuttgart 1979

Rainer Schimpf u. a., Freiheit oder Tod, die Reutlinger Pfingstversammlung und die Revolution 1848/49, Reutlingen 1998

Schmoll, Friedemann, Das Heilbronner Kaiserdenkmal Ludwig Pfaus und Wilhelm von Rümanns von 1893 als Einigungsdenkmal, in: ders., Verewigte Nation. Studien zur Erinnerungskultur von Reich und Einzelstaat im württembergischen Denkmalkult des 19. Jahrhunderts, Tübingen 1995, S. 262-273

Wilhelm Steinhilber, Die Heilbronner Bürgerwehren

1848 und 1849 und ihre Beteiligung an der badischen Mai-Revolution des Jahres 1849, Veröffentlichungen der Stadt Heilbronn, Heft 5, Heilbronn 1959

Reinald Ullmann, Ludwig Pfau, Monographie eines vergessenen Autors, Europäische Hochschulschriften, Reihe I, Deutsche Sprache und Literatur, Band 1912, Frankfurt am Main, 1987

Hubert Weckbach, „...die schöne Muse seiner jungen Lieder", Ludwig Pfaus Liebesverhältnis mit Minna Widmann in seiner Biographie von Anna Spier, Sonderduck aus Christhard Schrenk (Hrsg.), heilbronnica, Beiträge zur Stadtgeschichte 11, Stadtarchiv Heilbronn, 2000 (Online-Publikation Stadtarchiv)

Erich Weinstock, Ludwig Pfau – Leben und Werk eines Achtundvierzigers, Kleine Schriftenreihe des Archivs der Stadt Heilbronn, Band 7, Heilbronn 1975

Richard Zanker, Ludwig Pfau und die Frauen, in: Schwäbische Heimat Nr. 391 vom 25. 8. 1921

Ernst Ziel, Politisches und Polemisches. Aus den nachgelassenen Schriften. Mit einem Vorwort von Ernst Ziel, Stuttgart 1895

Inhalt

Ein Denkmal für den Kaiser? 7
Stuttgart 1890

Minna 21
Heilbronn 1848

Zwei Wege, ein Ziel 39
Heilbronn 1849

Freiheit oder Tod 46
Reutlingen 1849

Abschied von Minna 60
Heilbronn 1849

Die Preußen kommen! 74
Wimpfen, Heidelberg, Bretten, Rastatt Juni 1849

Als Hochverräter im Schweizer Exil 86
Zürich, Bern 1850

Paris 99
Paris 1857

Mr. Peter auf Reisen 112
Wildbad 1857

In der Höhle des Löwen 128
Stuttgart 1857

Germering 133
Germering, Zürich, 1857

Zurück in Paris 141
Paris 1857-1863

Die Heimkehr des Unversöhnten - Dreikönigstreffen
der Demokraten in Stuttgart, ... 149
Stuttgart 1866

Das preußische Regiment vor Gericht 163
Frankfurt 1877

Der gefeierte Häftling 171
Heilbronn 1877

Prügel für Bismarck 177
Stuttgart in den 1880er Jahren

Liebe Anna! 184
Stuttgart in den 1880er Jahren

Herrliche Zeiten? 193
Weinsberg 1890

Der unbequeme Ehrenbürger 200
Stuttgart in den 1890er Jahren

Nachwort 210

Personenverzeichnis 214

Zeitleiste 223

Quellenhinweise 228

Literatur 236

ISBN 978-3-948371-75-3

www.Guenther-Emig.de

Umschlag: Gunter Krieger

Alle Rechte vorbehalten

© 2021 Günther Emigs Literatur-Betrieb, Niederstetten

GÜNTHER EMIG'S
LITERATUR-BETRIEB

Oskar Panizza (1853-1921) nimmt als literarischer Individualist eine Sonderrolle in der deutschen Literaturgeschichte ein: Der Einzelgänger der Münchner Moderne läßt sich nur grob zwischen Naturalismus und Expressionismus einordnen. Panizzas Schreibstil ist spontan, flüchtig und unkonventionell – dem späteren Expressionismus ähnlich. Kein anderer Autor des wilhelminischen Deutschland – vielleicht Frank Wedekind ausgenommen – war so sehr von der Zensur betroffen, keiner wurde für seine literarischen Werke ähnlich hart durch die Justiz bestraft. Fast alle seine Bücher wurden schon kurz nach ihrer Veröffentlichung verboten und konfisziert, an eine Aufführung seiner Theaterstücke war jahrzehntelang nicht zu denken.

Oskar Panizza, Werkausgabe in 10 Bänden

Hrsg. von Peter Staengle und Günther Emig

Erschienen und lieferbar:

[Bd. 1]: Gedichte. Nachwort von Prof. Dr. Ulrich Kittstein. 310 Seiten. Leinen. ISBN 978-3-948371-73-9. 32 Euro

[Bd. 2]: Dämmrungsstücke. Vier Erzählungen. Nachwort von PD Dr. Claudia Lieb. 248 Seiten. Leinen. ISBN 978-3-921249-21-5. 28 Euro

[Bd. 3]: Genie und Wahnsinn. Vortrag, gehalten in der »Gesellschaft für modernes Leben«, Centralsäle, am 20. März 1891. – Aus dem Tagebuch eines Hundes. – [Bruder Martin O.S.B.]: Die unbefleckte Empfängnis der Päpste. Aus dem Spanischen von Oskar Panizza. Nachwort von Ass.-Prof. Dr. Joela Jacobs. 288 Seiten. Leinen. ISBN 978-3-948371-65-4. 32 Euro

[Bd. 4]: Visionen. Skizzen und Erzählungen. Nachwort von Prof. Dr. Waldemar Fromm. 244 Seiten. Leinen. ISBN 978-3-948371-70-8. 32 Euro

[Bd. 8]: Die Haberfeldtreiben im bairischen Gebirge. Eine sittengeschichtliche Studie. Nachwort von Prof. Dr. Wilhelm Kaltenstadler. 194 Seiten. Leinen. ISBN 978-3-921249-22-2. 28 Euro

www.Guenther-Emig.de

GÜNTHER EMIGS
LITERATUR-BETRIEB

Literaturwissenschaft, Texte der Moderne, Gegenwartsliteratur, Regionalia

Pfau, Ludwig: Freiheit ist das schönste Fest. Zeit- und Sinngedichte. Hrsg. von Erhard Jöst. 198 Seiten. ISBN 978-3-948371-67-8. 12 Euro

Die untergründigen Jahre. Die kollektive Autobiographie ‚alternativer' Autoren aus den 1970ern und danach. Hrsg. von Peter Engel und Günther Emig. 484 Seiten. ISBN 978-3-948371-55-5. 20 Euro

Von Schatzgräbern, Geistermessen, Aufhockern und feurigen Männern. Sagen aus dem Main-Tauber-Kreis. 224 Seiten, ISBN 978-3-948371-81-4, 18 Euro

Daniel Dubbe: Außerhalb. Das Leben und Schreiben des Hans Erich Nossack. 390 Seiten. ISBN 978-3-948371-76-0. 20 Euro

Lutz R. Ketscher: Penthesilea. Graphic Novel nach Texten des Trauerspiels von Heinrich von Kleist. 64 Seiten, Großformat. ISBN 978-3-948371-74-6. 15 Euro

Barbara Wilk-Mincu: Heinrich von Kleist in der bildenden Kunst (1801-2000). Catalogue raisonné. Textteil. 3 Bände, 28 x 20 cm, Leinen. Zusammen 144,1.818 Seiten. ISBN 978-3-921249-95-6. 322,90 Euro

Heinrich von Kleist / Franz Ignaz von Holbein: Das Käthchen von Heilbronn oder die Feuerprobe. Parallelausgabe. 365 Seiten. ISBN 978-3-921249-39-0. 20 Euro

Loch, Rudolf: Ein Haus für Kleist. Meine Frankfurter Erinnerungen 1963 bis 1969. 133 Seiten. ISBN 978-3-921249-26-0. 10 Euro

Klaus Kanzog: E. T. A. Hoffmann und Heinrich von Kleist. Textbeobachtungen – Spurenelemente. 155 Seiten. ISBN 978-3-948371-60-9. 18 Euro

Günther Emigs Literatur-Betrieb
www.Guenther-Emig.de